知识产权行政复议典型案例解析

（第1辑）

国家知识产权局条法司 组织编写

知识产权出版社
全国百佳图书出版单位
—北 京—

图书在版编目（CIP）数据

知识产权行政复议典型案例解析. 第 1 辑/国家知识产权局条法司组织编写. —北京：知识产权出版社，2019.12（2020.6 重印）

ISBN 978-7-5130-6708-9

Ⅰ．①知⋯ Ⅱ．①国⋯ Ⅲ．①知识产权—行政复议—案例—中国 Ⅳ．①D923.405

中国版本图书馆 CIP 数据核字（2019）第 290780 号

内容提要

本书包括专利复议典型案例和商标复议典型案例两部分，共 57 个案例，均是由实际办案人员结合工作实践和自己对法律问题的思考认真撰写而成，既包括实体问题，也包括程序问题，涉及不可抗拒事由的审查、对著录事项变更、商标续展等诸多法律问题和审查中遇到的热点问题，具有较强的针对性、指导性和实用性。

责任编辑：阴海燕　　　　　　**责任印制**：孙婷婷

知识产权行政复议典型案例解析（第 1 辑）

ZHISHI CHANQUAN XINGZHENG FUYI DIANXING ANLI JIEXI（DI-YI JI）

国家知识产权局条法司　　组织编写

出版发行：知识产权出版社有限责任公司	网　　址：http://www.ipph.cn
电　　话：010-82004826	http://www.laichushu.com
社　　址：北京市海淀区气象路 50 号院	邮　　编：100081
责编电话：010-82000860 转 8693	责编邮箱：laichushu@cnipr.com
发行电话：010-82000860 转 8101	发行传真：010-82000893
印　　刷：北京建宏印刷有限公司	经　　销：各大网上书店、新华书店及相关专业书店
开　　本：720mm×1000mm　1/16	印　　张：13.75
版　　次：2019 年 12 月第 1 版	印　　次：2020 年 6 月第 2 次印刷
字　　数：180 千字	定　　价：60.00 元

ISBN 978-7-5130-6708-9

前　言

　　《知识产权行政复议典型案例解析》一书的编写由国家知识产权局条法司组织，专利局审查业务管理部和商标局参与，本书从近年来审结的知识产权复议案件中精选了 57 件典型案例，包括专利和商标两种类型。入选的案例在事实认定、法律适用以及争议解决等方面具有一定的典型性。

　　编写本书的目的在于通过对具有代表性的行政复议典型案例的搜集、整理和评析，总结专利以及商标行政复议案件审理经验，加强对知识产权行政复议工作的指导，推进知识产权行政复议工作规范化建设，全面提升行政复议能力水平。同时，本书也旨在促进知识产权行政管理部门依法行政，并指引行政相对人依法利用行政复议程序进行维权，切实发挥行政复议在化解行政争议中的重要作用。

　　本书所选案例涵盖了行政复议案件审理中的各类重要问题，既包括实体问题，也包括程序问题，既涉及法律条文的理解适用，也有对法律原则的把握。所有案例均由具体办案人员负责撰写，他们从基本案情、焦点问题评析以及思考与启示这三个方面对案件进行了详细阐述和深入浅出的解析，充分说明案件审理过程中的各种考量因素，具有较强的针对性、实用性和指导性。

　　需要指出的是，除特别说明之外，本书所引用的法条均为具体行政行为作出时所适用的法律、法规以及规章的相关规定。

目 录 |CONTENTS

专利复议典型案例

商标复议典型案例

专利

复议典型案例

不可抗拒事由的审查：申请人地址的门牌号变更能否作为不可抗拒的事由

——某有限责任公司不服不予恢复专利权案

某有限责任公司（以下称"申请人"）不服国家知识产权局（以下称"被申请人"）2015 年 12 月 9 日作出的《恢复权利请求审批通知书》，向行政复议机关申请行政复议。

经查，2006 年 10 月 17 日，申请人向被申请人提交了名称为"用于眼科保健、缓解视疲劳的中药制剂"的发明专利申请。并提交了委托某专利事务所代理人苟某、席某代为办理上述发明创造申请发明专利以及在专利权有效期内的全部专利事务的专利代理委托书。专利代理机构地址为陕西省宝鸡市 A 路 B 楼，邮编为721000。2006 年 10 月 17 日，被申请人发出《专利申请受理通知书》。2009 年 1 月 23 日，被申请人发出《授予发明专利权通知书》和《办理登记手续通知书》，同意授予上述专利申请发明专利权，并通知申请人办理登记手续。2014 年 11 月 21 日，被申请人发出《缴费通知书》，告知专利权人"最迟应于 2015 年 4 月 17日之前补缴第 9 度的年费 2000 元和滞纳金"，收件地址为陕西省宝鸡市 A 路 B 楼某专利事务所，邮编为 721000，收件人为席某、苟某。2015 年 6 月 4 日，被申请人发出《专利权终止通知书》，告知申请人，因其未按《缴费通知书》中的规定缴纳或者缴足第 9 度年费和滞纳金，根据《中华人民共和国专利法》（以下简称《专利法》）第四十四条的规定，该专利权于 2014 年

10 月 17 日终止。收件地址为陕西省宝鸡市 A 路 B 楼某专利事务所，邮编为 721000，收件人为席某、苟某。2015 年 11 月 10 日，申请人向被申请人提交了《恢复权利请求书》，以"代理机构无法联系到专利权人"为由，请求恢复权利。2015 年 12 月 9 日，被申请人发出《恢复权利请求审批通知书》，以"恢复权利请求是在规定期限届满后提出的，不符合《中华人民共和国专利法实施细则》（以下简称《专利法实施细则》）第六条的规定，恢复权利请求费是在规定期限届满后缴纳的，不符合《专利法实施细则》第九十九条的规定。《恢复权利请求书》中陈述的理由不符合《专利法实施细则》第六条第一款的规定"为由，不同意恢复权利。申请人申请行政复议的理由为其地址的门牌号根据当地政府的统一安排进行了变更，这属于《专利法实施细则》第六条第一款规定的不可抗拒的事由。

经复议审理，行政复议机关根据《专利法实施细则》第六条第一款的规定，维持了上述《恢复权利请求审批通知书》。

焦点问题评析

该案的焦点问题在于，申请人地址的门牌号变更是否属于《专利法实施细则》第六条第一款规定的不可抗拒的事由，是否应该恢复申请人的权利。

对于上述焦点问题，存在两种观点：一种观点认为，申请人地址的门牌号确实发生了变更，这种变更属于政府行为，是申请人不能预见、不能避免、不能克服的客观情况，因此属于《专利法实施细则》第六条第一款规定的不可抗拒的事由，应该恢复申请人的权利。

另一种观点认为，申请人已经委托了代理机构，代理专利权有效期内的全部专利事务，根据《专利法实施细则》第四条第二款的规定，被申请人的联系对象应为申请人委托的代理机构，申请人地址的门牌号变更与该案没有直接关系，因此不属于《专利法实施细则》第六条第一款规定的不可抗拒的事由，不应恢复申请人的权利。

《专利法实施细则》第四条第二款规定："国务院专利行政部门的各种文件，可以通过邮寄、直接送交或者其他方式送达当事人。当事人委托专利代理机构的，文件送交专利代理机构；未委托专利代理机构的，文件送交请求书中指明的联系人。"

《专利法实施细则》第六条第一款规定："当事人因不可抗拒的事由而延误专利法或本细则规定的期限或者国务院专利行政部门指定的期限，导致其权利丧失的，自障碍消除之日起2个月内，最迟自期限届满之日起2年内，可以向国务院专利行政部门请求恢复权利。"

我们认为，虽然《专利法实施细则》第六条第一款中的"不可抗拒的事由"仅仅是一个笼统的规定，《专利审查指南2010（修订版）》也未见详细解释，按照通常理解，认为其等同于民法上"不可抗力"。"不可抗力"是指不能预见、不能避免、不能克服的客观情况。而地址门牌号的变更通常是不能预见、不能避免、不能克服的。但是根据《专利法实施细则》第四条第二款的规定，在申请人委托代理机构的情况下，专利行政部门应向该代理机构发送有关文书，文书送达代理机构后，其所作的通知和决定便已生效。该案中，申请人已经委托了某专利事务所办理该发明专利在专利权有效期内的全部专利事务，根据《专利法实施细则》第四条第二款的规定，被申请人应当向某专利事务所寄送《缴费通知书》和《专利权终止通知书》，而非向申请人寄送上述文件。代理机构依据代理协议履行代理义务，申请人为保证代理机构通知相关事项，也应尽到审慎义务，及时将地址变更或联系人通信方式变化通知专利代理机构，申请人未尽审慎义务，致代理机构无法通知相关事项，造成专利权终止，不构成《专利法实施细则》第六条第一款所称的不可抗拒的事由，因此，不应恢复申请人的权利。

▌思考与启示

在实践中，我们经常遇见这种情况，申请人委托代理机构代为办理专利申请以及专利权有效期内的全部专利事务。此后，即使申请人的自身情况发生变化，如地址的门牌号变更、联系方式改变等，其也不再主动与专利代理机构取得联系，将自身的变化信息告知专利代理机构。这使得，一旦专利代理机构与申请人之间失去联系，不能进行有效沟通，无法将涉及专利申请或专利权的信息及时传递给申请人，那么就有可能产生不可挽回的严重后果。因此，为了避免上述情况的发生，申请人应对自己的专利申请或专利权尽到审慎义务，将自身的变化情况及时通知所委托的代理机构，保持与该代理机构的联系渠道畅通。

（撰稿人：任荣东）

不可抗拒事由的审查：与案件关联性的审查

——葛某不服不予恢复专利申请权案

基本案情

葛某（以下称"申请人"）不服国家知识产权局（以下称"被申请人"）2016 年 5 月 4 日作出的《恢复权利请求审批通知书》，于 2016 年 6 月 8 日向行政复议机关申请行政复议。

经查，2012 年 10 月 13 日，申请人向被申请人提交了名称为"凸台扣箍管道连接件"的发明专利申请。在发明专利请求书中写明申请人、发明人、联系人均为葛某。申请方式为电子申请。2012 年 10 月 13 日，被申请人发出《专利申请受理通知书》。2014 年 11 月 27 日，被申请人以电子文件形式发出《第一次审查意见通知书》，告知申请人"根据《专利法》第三十七条的规定，申请人应当在收到本通知书之日起 4 个月内陈述意见，如果申请人无正当理由逾期不答复，其申请将被视为撤回"，收件人为葛某。2015 年 6 月 19 日，被申请人以电子文件形式发出《视为撤回通知书》，告知申请人"因申请人未在国家知识产权局于 2014 年 11 月 27 日发出的《第一次审查意见通知书》规定的期限内答复，根据《专利法》第三十七条的规定，该申请被视为撤回"，收件人为葛某。2016 年 4 月 14 日，申请人向被申请人提交了《恢复权利请求书》，以"申请人不会用电子版下载专利文件，由其学生韩某负责用'电子版'方式申请，但韩某于

2013 年 3 月 2 日因车祸去世为由"请求恢复权利。2016 年 5 月 4 日，被申请人发出《恢复权利请求审批通知书》，以"恢复权利请求是在规定期限届满后提出的，不符合《专利法实施细则》则第六条的规定""未缴纳或缴足恢复权利请求费，不符合《专利法实施细则》第九十九条的规定""《恢复权利请求书》中陈述的理由不符合《专利法实施细则》第六条第一款的规定"为由，不同意恢复权利，收件人为葛某。申请人的复议理由为，申请人不会用电子版申请专利文件，由其学生韩某负责用"电子版"方式申请，但韩某于 2013 年 3 月 2 日因车祸去世，属于不可抗拒的灾难。

经复议审理，2016 年 7 月 25 日行政复议机关作出决定，维持上述《恢复权利请求审批通知书》。

焦点问题评析

该案的焦点问题在于，申请人请求恢复权利的理由不符合《专利法实施细则》第六条第一款的规定，即韩某的意外死亡是否可以认为是导致该案专利申请被视为撤回的不可抗拒的事由。

《专利法实施细则》第六条第一款规定："当事人因不可抗拒的事由而延误专利法或本细则规定的期限或者国务院专利行政部门指定的期限，导致其权利丧失的，自障碍消除之日起 2 个月内，最迟自期限届满之日起 2 年内，可以向国务院专利行政部门请求恢复权利。"申请人 2012 年 10 月 13 日向被申请人提交的涉案发明专利请求书中写明了申请人、发明人、联系人均为葛某，该案涉及的专利电子申请系统用户申请人也是葛某。被申请人以电子文件形式向申请人发出的各种通知书、决定或者其他文件，申请人应及时接收。被申请人于 2014 年 11 月 27 日发出的《第一次审查意见通知书》，及于 2015 年 6 月 19 日发出的《视为撤回通知书》，申请人未及时接收，应承担相应的法律后果。申请人以其不会用电子版申请专利文件，由其学生韩某负责用"电子版"方式申请，但韩某于 2013 年 3 月 2 日因车祸去世，属于不可抗拒的灾难为由请求恢复权利，但"韩某"其人未出现在与该专利申请有关的任何文件中，其既不是该专利申请的申请人、发明人，也不是该专利申请的代理人、联系人，没有证据证明韩某与涉案发明专利申请具有关联性，即申请人没有提供证据证明韩某的意外死亡与其未能及时答复被申请人的通知书有任何直接或间接联系。因此，韩某的意外死亡不能认为是导致该案专利申请被视为撤回的不可抗拒的事由。申请人以"韩某于 2013 年 3 月 2 日因车祸去世"属于不可抗拒的灾难为由，请求恢复权利不符合《专利法实施细则》第六条第一款的规定。

▋思考与启示

在提起行政复议时，当事人为了达成自己的诉求，往往提出很多理由。对于这些理由，办案人员应认真分析其与案件之间是否相关，只有那些与案件具有相关性的理由才有可能被采纳。所谓理由与案件的关联性，是指当事人所提的理由必须与所需要阐释的案件事实或其他争议事实具有一定的联系，即理由与案件事实之间必须存在着客观关联，该理由对案件的进展产生了影响，导致了案件结果的发生。与案件情况没有联系的理由，不能起到说明案件真实情况的作用。例如，某人的意外死亡是否可以作为《专利法实施细则》第六条第一款中规定的不可抗拒的事由，要看该人的意外死亡是否对案件造成了影响，是否导致了案件结果的发生。在该案中，韩某是一个与该专利申请毫无关系的案外人，其意外死亡不会对该专利申请造成任何影响，与该案的进展过程没有关系，不存在与案件的关联性，因此，韩某的意外死亡不能作为《专利法实施细则》第六条第一款中规定的不可抗拒的事由而被采纳。

（撰稿人：任荣东）

不可抗拒事由的审查：
战争与案件关联性的审查

——某有限公司不服不予恢复国际申请
进入中国国家阶段的权利案

基本案情

某有限公司（以下称"申请人"）不服国家知识产权局（以下称"被申请人"）2016 年 4 月 14 日作出的《恢复权利请求审批通知书》，向行政复议机关申请行政复议。

经查，2016 年 1 月 20 日，申请人向被申请人提交了《国际申请进入中国国家阶段声明》，该国际申请的优先权日为 2011 年 7 月 20 日，并提交了《恢复权利请求书》，以乌克兰国内发生战争，导致申请人与其委托的乌克兰律师联系中断为由，请求恢复该 PCT 申请进入中国国家阶段的权利。2016 年 4 月 14 日，被申请人发出《恢复权利请求审批通知书》和《国际申请不能进入中国国家阶段通知书》，以"申请人所述理由不属于《专利法实施细则》第六条第一款所述的不可抗拒的事由"为由，不同意恢复权利；并告知申请人由于其未在优先权日起 32 个月的期限内办理进入中国国家阶段的手续，根据《专利法实施细则》第一百零五条的规定，该国际申请在中国的效力终止。

经复议审理，2016 年 8 月 25 日行政复议机关作出决定，维持上述《恢复权利请求审批通知书》。

█ 焦点问题评析

该案的焦点问题在于，申请人请求恢复权利的理由是否符合《专利法实施细则》第六条第一款的规定，即乌克兰国内爆发战争是否可以认为是导致该案专利申请被视为撤回的不可抗拒的事由。

《专利法》第十九条第一款规定："在中国没有经常居所或者营业所的外国人、外国企业或者外国其他组织在中国申请专利和办理其他专利事务的，应当委托依法设立的专利代理机构办理。"

《专利法实施细则》第六条第一款规定："当事人因不可抗拒的事由而延误专利法或者本细则规定的期限或者国务院专利行政部门指定的期限，导致其权利丧失的，自障碍消除之日起2个月内，最迟自期限届满之日起2年内，可以向国务院专利行政部门请求恢复权利。"

《专利法实施细则》第一百零三条规定："国际申请的申请人应当在专利合作条约第二条所称的优先权日（本章简称优先权日）起30个月内，向国务院专利行政部门办理进入中国国家阶段的手续；申请人未在该期限内办理该手续的，在缴纳宽限费后，可以在自优先权日起32个月内办理进入中国国家阶段的手续。"

我们认为，首先，申请人的注册国家（地区）为维尔京群岛，并非乌克兰，并且根据《专利法》第十九条第一款的规定，申请人办理国际申请进入中国国家阶段的手续应委托在中国依法设立的专利代理机构办理，但申请人并未按此规定委托代理机构，反而委托了乌克兰律师作为代理人。

其次，该申请的优先权日为2011年7月20日，根据《专利法实施细则》第一百零三条的规定，该国际专利申请进入中国国家阶段的最后期限为 2014 年 1 月 20 日。根据申请人提交的证明文件，乌克兰律师已于 2013 年 12 月 5 日告知申请人基辅市和全乌克兰领土局势紧张，会见被取消。此时，距该国际申请进入中国国家阶段的最后期限还有 46 天。申请人应该可以预见委托乌克兰律师继续办理进入中国国家阶段的相关手续可能会存在困难，并且根据现代通信条件有足够的时间委托中国的专利代理机构办理进入中国国家阶段的相关手续。

综上，乌克兰国内冲突不是影响申请人办理该申请进入中国国家阶段手续不可预见、不可克服的客观因素，不能认为是导致该案专利申请不能进入中国国家阶段的不可抗拒的事由。申请人以乌克兰国内冲突，导致申请人与其委托的乌克兰律师联系中断，符合《专利法实施细则》第六条第一款规定为由请求恢复该 PCT 申请进入中国国家阶段的权利没有事实和法律依据。被申请人于 2016 年 4 月 14 日发出的《恢复权利请求审批通知书》事实清楚，依据正确，程序合法。

思考与启示

《专利法实施细则》第六条第一款中的"不可抗拒的事由"仅仅是一个笼统的规定，《专利审查指南 2010（修订版）》也未见详细解释，按照通常理解，认为其等同于民法上"不可抗力"。"不可抗力"是指不能预见、不能避免、不能克服的客观情况。实践中，申请人为了恢复权利，往往会以不可抗拒的事由为由提起行政复议，所给出的理由往往是其经历了战争、火灾、疾病等天灾人祸。对于这些理由，办案人员应进行全面审查，认真分析其是否可以参照"不可抗力"的概念，即其是否是不能预见、不能避免、不能克服的。如果申请人本身存在过错，并且该过错是导致这些事由的原因，或者这些事由是可预见、可避免、可克服的，则其不能认为是《专利法实施细则》第六条第一款中规定的不可抗拒的事由，从而不能被采信。

（撰稿人：任荣东）

不可抗拒事由的审查：
自然灾害与案件关联性的审查

——某科技有限公司不服不予恢复国际申请
进入中国国家阶段的权利案

基本案情

某科技有限公司（以下称"申请人"）不服国家知识产权局（以下称"被申请人"）2017 年 9 月 27 日作出的《恢复权利请求审批通知书》，向行政复议机关申请行政复议。

经查，2017 年 6 月 13 日，申请人向被申请人提交了《国际申请进入中国国家阶段声明》，该国际申请的优先权日为 2014 年 10 月 14 日。2017 年 8 月 2 日，被申请人发出《国际申请不能进入中国国家阶段通知书》，根据《专利法实施细则》第一百零五条的规定，以申请人"未在规定的期限内缴纳或者缴足申请费，未在规定的期限内缴纳或者缴足公布印刷费，未在规定的期限内缴纳或者缴足宽限费"为由，决定涉案国际申请在中国的效力终止。2017 年 8 月 9 日，申请人向被申请人提交了《恢复权利请求书》，以 2017 年 6 月 13 日、14 日强台风"苗柏"登陆深圳是不可抗拒的的事由为由，请求恢复权利。2017 年 9 月 27 日，被申请人发出《恢复权利请求审批通知书》，以"《恢复权利请求书》中陈述的理由不符合《专利法实施细则》第六条第一款的规定"为由，不同意恢复权利。2017 年 11 月 22 日，申请人因不服上述

《恢复权利请求审批通知书》向被申请人申请行政复议，请求撤销上述《恢复权利请求审批通知书》。2017 年 11 月 28 日，被申请人发出《复议申请补正通知书》，通知申请人在收到上述《复议申请补正通知书》之日起 15 日内对复议申请文件进行补正。2017 年 12 月 18 日，申请人向被申请人提交了补正后的行政复议申请书，以 2017 年 6 月 13 日、14 日强台风"苗柏"登陆深圳是不可抗拒的的事由为由，请求撤销上述《恢复权利请求审批通知书》；并为了证明上述复议理由，提交了如下附件。

附件 1：深气服客〔2017〕062603 号"深圳市 2017 年台风预警信号资料"，其中载明："台风'苗柏'登陆深圳期间，2017 年 6 月 13 日凌晨，深圳市气象局通过深圳市突发事件预警信息发布中心发出如下突发事件预警：'〔深圳预警发布中心〕深圳市委市政府提醒：台风"苗柏"黄色预警信号生效中，请广大市民、来深游客今明两天注意留在室内避险，减少外出，并相互转告'。2017 年 12 日至 13 日预警信号见附表"。

附件 2：深圳市人民政府应急管理办公室出具的证明，其中载明："台风'苗柏'登陆深圳期间，深圳市人民政府应急管理办公室于 2017 年 6 月 12 日先后转发深圳市气象台发布有关信息如下：深圳市政府提醒：台风黄色预警信号 13 时发布，学校停课，用人单位视情况停工，全市进入台风防御状况，注意避险并相互转告。（发布时间：2017 年 6 月 12 日 13：09）深圳市委市政府提醒：台风'苗柏'黄色预警信号生效中，请广大市民、来深游客今明两天注意留在室内避险，减少外出，并相互转告。（发布时间：2017 年 6 月 12 日 21：33）"。

附件 3：手机截屏，其中载明："6/13 周二 01：18 深圳市委市政府温馨提醒：台风'苗柏'黄色预警信号生效中，请广大市民、来深游客今明两天注意留在室内避险，减少外出，并相互转告。""6/12 周一 13：21 〔深圳突发事件预警〕深圳市政府提醒：台风黄色预警信号 13 时发布，学校停课，用人单位视情况停工，全市进入台风防御状况，注意避险并相互转告。"

"6/13 01：54 深圳市委市政府温馨提醒：台风'苗柏'黄色预警信号生效中，请广大市民、来深游客今明两天注意留在室内避险，减少外出，并相互转告。""6 月 13 日周二 02：21 深圳市委市政府温馨提醒：台风'苗柏'黄色预警信号生效中，请广大市民、来深游客今明两天注意留在室内避险，减少外出，并相互转告。""6 月 13 日周二 01：30 深圳市委市政府温馨提醒：台风'苗柏'黄色预警信号生效中，请广大市民、来深游客今明两天注意留在室内避险，减少外出，并相互转告。""6/13 上午 01：22 深圳市委市政府温馨提醒：台风'苗柏'黄色预警信号生效中，请广大市民、来深游客今明两天注意留在室内避险，减少外出，并相互转告"。

经复议审理，2018 年 3 月 5 日行政复议机关作出行政复议决定，维持了上述《恢复权利请求审批通知书》。

焦点问题评析

该案的焦点问题在于，申请人请求恢复权利的理由是否符合《专利法实施细则》第六条第一款的规定，即台风"苗柏"是否可以认为是导致该案专利申请不能进入中国国家阶段的不可抗拒的事由。

《专利法实施细则》第六条第一款规定："当事人因不可抗拒的事由而延误专利法或者本细则规定的期限或者国务院专利行政部门指定的期限，导致其权利丧失的，自障碍消除之日起 2 个月内，最迟自期限届满之日起 2 年内，可以向国务院专利行政部门请求恢复权利。"

《专利法实施细则》第一百零三条规定："国际申请的申请人

应当在专利合作条约第二条所称的优先权日（本章简称优先权日）起 30 个月内，向国务院专利行政部门办理进入中国国家阶段的手续；申请人未在该期限内办理该手续的，在缴纳宽限费后，可以在自优先权日起 32 个月内办理进入中国国家阶段的手续。"

我们认为，涉案国际申请的优先权日为 2014 年 10 月 14 日，根据《专利法实施细则》第一百零三条的规定，涉案国际申请进入中国国家阶段的最后期限为 2017 年 6 月 14 日。根据申请人提交的上述附件 2、附件 3 中载明的内容可知，深圳市政府已于 2017 年 6 月 12 日 13 点 9 分发布如下信息"台风黄色预警信号 13 时发布，学校停课，用人单位视情况停工，全市进入台风防御状况，注意避险并相互转告"，即于 2017 年 6 月 12 日 13 点 9 分后，申请人已知晓台风即将登陆，单位可能需要停工这一情况。根据深圳市政府发布的提醒，申请人应该可以预见如果"苗柏"台风登陆深圳，那么其办理进入中国国家阶段的相关手续可能会存在困难，并且，被申请人提供了多种缴费方式，对缴费人也没有限制，任何个人或单位都可以直接向被申请人缴纳费用，也可以通过邮局或者银行汇付，或其他规定的方式缴纳费用，根据现代通信条件和缴费方式，申请人有足够的时间缴纳相关费用。此外，经复议程序查明，2017 年 6 月 13 日当天，关于"苗柏"台风的预警即已取消，而涉案国际申请进入中国国家阶段的最后期限为 2017 年 6 月 14 日，故申请人尚有一天时间可以缴纳相关费用，但申请人仍未缴费。因此，强台风"苗柏"登陆不是影响申请人办理涉案国际申请进入中国国家阶段手续不可预见、不可克服的客观因素。申请人以 2017 年 6 月 13 日、14 日强台风"苗柏"登陆深圳符合《专利法实施细则》第六条第一款规定为由请求恢复涉案国际申请进入中国国家阶段的权利没有事实和法律依据。

▌ 思考与启示

实践中，当延误了《专利法实施细则》第六条第二款规定的恢复期限后，当事人往往依据《专利法实施细则》第六条第一款请求恢复权利。对于当事人所提出的理由是否属于《专利法实施细则》第六条第一款中的"不可抗拒的事由"，办案人员应认真分析其与案件之间是否具有关联性，只有那些与案件具有相关性的理由才可作为"不可抗拒的事由"，从而有可能被采纳，即造成当事人权利丧失的理由应该是不能预见、不能避免、不能克服的。如果申请人本身存在过错或者这些事由是可预见、可避免、可克服的，那么这些理由与案件不具备关联性。在该案中，强台风"苗柏"虽然登陆深圳，但其不属于影响案件进展过程的不能预见、不能避免、不能克服的因素，因此，其不存在与案件的关联性，不能作为《专利法实施细则》第六条第一款中规定的"不可抗拒的事由"而被采纳。

（撰稿人：任荣东）

从王某案看行政复议的合理性审查

——王某不服专利申请视为撤回案

王某不服国家知识产权局（以下称"被申请人"）2015 年 10 月 23 日作出的《视为撤回通知书》，向行政复议机关申请行政复议。

经查，2010 年 10 月 14 日，王某、陈某等 4 人提交了发明名称为"节约土地资源的制砖法"的发明专利申请。其中，联系人为王某，联系人地址为福建省福州市仓山区三叉街新村中心 5 座 305，邮政编码为 350007。2010 年 10 月 15 日，被申请人发出《专利申请受理通知书》。2015 年 4 月 24 日，被申请人发出《第三次审查意见通知书》，收件人为王某，收件人地址为福建省福州市仓山区三叉街新村中心 5 座 305，收件人邮政编码为 350007。2015 年 5 月 3 日，该《第三次审查意见通知书》因迁移新址不明被退信。2015 年 5 月 11 日，被申请人再次发出《第三次审查意见通知书》，收件人为陈某，收件人地址为福建省福州市仓山区三叉街新村中心 5 座 305，收件人邮政编码为 350007。2015 年 5 月 19 日，该《第三次审查意见通知书》同样因迁移新址不明被退信。2015 年 5 月 20 日，被申请人对该《第三次审查意见通知书》作出公告送达处理。2015 年 5 月 29 日，王某向被申请人提交了著录项目变更申报书，要求将联系地址变更为福建省福州市晋安区世欧王庄 4 区 4 号楼 909，联系人邮编变更为 350015。
2015 年 6 月 17 日，被申请人对《第三次审查意见通知书》进行
了公告送达。2015 年 6 月 29 日，被申请人发出《手续合格通知
书》，准予上述变更。2015 年 10 月 23 日，被申请人发出《视为
撤回通知书》，告知申请人"因申请人未在国家知识产权局于
2015 年 6 月 17 日发出的审查意见通知书规定的期限内答复，根
据《专利法》第三十七条的规定，该申请被视为撤回"。

经复议审理，2016 年 5 月 27 日行政复议机关作出行政复议
决定，撤销了上述《视为撤回通知书》。

焦点问题评析

该案的焦点问题在于，被申请人发出的《视为撤回通知书》
是否合法，被申请人发出的《视为撤回通知书》是否合理。

我们认为，对于第一个问题，申请人于 2010 年 10 月 14 日向
被申请人提交的发明专利请求书中写明了联系人为王某，联系人
地址为福建省福州市仓山区三叉街新村中心 5 座 305，邮政编码
为 350007。被申请人按照上述地址和联系人于 2015 年 4 月 24 日
寄发了《第三次审查意见通知书》，并于 2015 年 5 月 11 日按照
上述地址向陈某寄发了《第三次审查意见通知书》，2015 年 5 月
3 日、2015 年 5 月 19 日该《第三次审查意见通知书》均由于迁
移新址不明而被退信，被申请人于 2015 年 5 月 20 日对该《第三
次审查意见通知书》作出公告送达处理，并于 2015 年 6 月 17 日，
对该《第三次审查意见通知书》进行了公告送达，符合《专利法
实施细则》和《专利审查指南 2010（修订版）》的相关规定。
申请人未对该《第三次审查意见通知书》进行答复，因此，被申
请人于 2015 年 10 月 23 日发出的《视为撤回通知书》符合《专
利法》第三十七条的规定。

对于第二个问题，被申请人分别于 2015 年 4 月 24 日、2015 年 5 月 11 日两次向申请人寄发了《第三次审查意见通知书》。申请人于 2015 年 5 月 29 日向被申请人寄送了著录项目变更申报书，请求变更联系人地址。被申请人于 2015 年 6 月 17 日对《第三次审查意见通知书》进行了公告送达，于 2015 年 6 月 29 日发出《手续合格通知书》，准予申请人变更联系人地址。通常情况下，申请人并不知晓被申请人发出审查意见通知书的时间，实际中，申请人完成地址迁移与在迁移后向被申请人申请地址变更之间存在一定的时间差，申请人一般在完成地址迁移后的合理时间内向被申请人提出地址变更请求，并且被申请人对地址变更请求的审查也需要一定的时间，且在被申请人进行公告送达前，申请人已经向被申请人提出了变更联系人地址的请求。申请人基于对被申请人按照变更后的通信地址履行送达义务的信任，通常难以对载明公告送达事项的专利公报给予一般的注意，申请人也并非怠于对审查意见通知书进行答复，因此，该案中将申请视为撤回的后果完全由申请人承担明显不合理，也不符合《专利法》第二十一条有关处理专利的申请和请求应当客观、公正的要求。

思考与启示

行政复议与行政诉讼是受到行政行为影响的当事人的两种救济方式。行政诉讼是个人、法人或其他组织认为行政主体以及法律法规授权的组织作出的行政行为侵犯其合法权益而向法院提起的诉讼。行政复议是指公民、法人或者其他组织不服行政主体作出的具体行政行为，认为行政主体的具体行政行为侵犯了其合法权益，依法向法定的行政复议机关提出复议申请，行政复议机关依法对该具体行政行为进行合法性、合理性审查，并作出行政复议决定的行政行为。行政诉讼与行政复议的区别在于，行政诉讼属于司法行为，其一般只对具体行政行为的合法性进行审查，而行政复议属于行政行为，其不仅对具体行政行为的合法性，还对具体行政行为的合理性进行审查。对具体行政行为的合理性进行审查也正是行政复议的"魅力"所在。在一些案例中，当事人通过行政诉讼走司法途径解决不了的问题，往往可以在行政复议中通过合理性审查，来达成自己的诉求。

（撰稿人：任荣东）

行政复议程序也应遵循比例原则

——某军医大学不服《意见陈述书》视为未提出案

某军医大学（以下称"申请人"）不服国家知识产权局（以下称"被申请人"）2014 年 1 月 17 日作出的《视为未提出通知书》，向行政复议机关申请行政复议。

经查，2011 年 9 月 8 日，申请人提交了发明名称为"一种挤压状态下生命参数探测研究平台"的发明专利申请。2011 年 9 月 8 日，被申请人发出《专利申请受理通知书》。2013 年 6 月 25 日，被申请人发出《第二次审查意见通知书》。2013 年 9 月 7 日，申请人提交了《意见陈述书》，其在《意见陈述书》表格中写明是"针对国家知识产权局于 2013 年 6 月 25 日发出的第二次通知书陈述意见"，在《意见陈述书》正文中写为"本意见陈述书是针对专利'一种挤压状态下生命参数探测研究平台'的《第一次审查意见通知书》的答复"。2013 年 9 月 27 日，被申请人发出《办理手续补正通知书》，告知申请人，其于 2013 年 9 月 7 日提出《意见陈述书》，经审查，不符合《专利法实施细则》第四十五条的规定，并提醒申请人确认《意见陈述书》正文是否提交正确。2013 年 12 月 7 日，申请人提交了补正书和《意见陈述书》，该《意见陈述书》与其 2013 年 9 月 7 日提交的《意见陈述书》完全一致，同样是在《意见陈述书》表格中写明是"针对国家知

识产权局于 2013 年 6 月 25 日发出的第二次通知书陈述意见", 在
《意见陈述书》正文中写为"本意见陈述书是针对专利 '一种挤
压状态下生命参数探测研究平台' 的第一次审查意见通知书的答
复"。2013 年 12 月 17 日, 被申请人发出《视为未提出通知书》,
告知申请人由于《意见陈述书》中写明是针对《第一次审查意见
通知书》的答复, 因此, 申请人于 2013 年 12 月 7 日提交的《意
见陈述书》视为未提出。2014 年 1 月 17 日, 被申请人发出《视
为未提出通知书》, 告知申请人由于其在 2013 年 9 月 27 日发出的
《办理手续补正通知书》规定的期限内补正不符合规定, 因此,
其于 2013 年 9 月 7 日提交的《意见陈述书》视为未提出。

行政复议机关经审理认为, 根据申请人 2013 年 9 月 7 日和
2013 年 12 月 7 日提交《意见陈述书》的时间和具体内容, 可以
推断《意见陈述书》表格与《意见陈述书》正文中关于所针对的
通知书存在不一致的情况是由于申请人笔误造成的, 申请人由此
承担 2013 年 12 月 7 日和 2013 年 9 月 7 日提交的意见陈述视为未
提出的法律责任, 进而导致本案件被视为撤回不符合行政法中的
比例原则, 因此, 撤销了被申请人 2014 年 1 月 27 日作出的《视
为未提出通知书》。

▌ 焦点问题评析

该案的焦点问题在于, 申请人是否存在过失, 申请人因其过
失所承担的法律责任是否符合比例原则。

对于第一个问题, 申请人虽然在 2013 年 9 月 7 日提交的《意
见陈述书》表格中填写了是"针对国家知识产权局于 2013 年 6
月 25 日发出的第二次通知书陈述意见", 但在《意见陈述书》正
文中确写为"本意见陈述书是针对专利 '一种挤压状态下生命参
数探测研究平台' 的《第一次审查意见通知书》的答复"。因此,

审查员本着对工作认真负责的态度，为了避免申请人因文本提交错误而丧失申述机会，进而造成实际权利损失，于 2013 年 9 月 27 日发出《办理手续补正通知书》，告知申请人，其于 2013 年 9 月 7 日提出的《意见陈述书》，经审查，不符合《专利法实施细则》第四十五条的规定，并提醒申请人确认《意见陈述书》正文是否提交正确。申请人于 2013 年 12 月 7 日，提交了补正书和《意见陈述书》，该《意见陈述书》与其 2013 年 9 月 7 日提交的《意见陈述书》完全一致，同样是在《意见陈述书》表格中填写是"针对国家知识产权局于 2013 年 6 月 25 日发出的第二次通知书陈述意见"，但在《意见陈述书》正文中写为"本意见陈述书是针对专利'一种挤压状态下生命参数探测研究平台'的第一次审查意见通知书的答复"。由此可见，申请人所提交的《意见陈述书》表格与《意见陈述书》正文中关于所针对的通知书存在不一致的情况，申请人本身确实存在过失。

对于第二个问题，被申请人于 2013 年 9 月 27 日发出《办理手续补正通知书》中虽然提醒申请人确认《意见陈述书》正文是否提交正确，但未明确告知申请人于 2013 年 9 月 7 日提交的《意见陈述书》具有形式性缺陷的原因。根据申请人 2013 年 9 月 7 日和 2013 年 12 月 7 日提交《意见陈述书》的时间和具体内容，可以推断《意见陈述书》表格与《意见陈述书》正文中关于所针对的通知书存在不一致的情况是由于申请人笔误造成的，且申请人根据被申请人 2013 年 9 月 27 日发出的《办理手续补正通知书》并未意识到其缺陷的具体表现。申请人由此承担 2013 年 12 月 7 日和 2013 年 9 月 7 日提交的意见陈述视为未提出的法律责任，进而导致该案件被视为撤回不符合行政法中的比例原则，因此被申请人再次指明《意见陈述书》中存在的缺陷，并给予申请人消除该缺陷的机会更为合理。

▌思考与启示

　　行政比例原则是指行政主体实施行政行为应兼顾行政目标的实现和保护相对人的权益，如果行政目标的实现可能对相对人的权益造成不利影响，则这种不利影响应被限制在尽可能小的范围和限度之内，二者有适当的比例。行政比例原则着眼于法益的均衡，以维护和发展公民权为最终归宿，是判断行政机关是否公正、合理行使自由裁量权的重要原则，它要求行政行为在目的及手段上，应充分考虑行政目标的实现和行政相对人权益的保障，采取适当的手段，使对行政相对人权益的侵害得以避免或降到最低限度。行政比例原则从理念上源于对正义的需求。它在价值取向上与时代发展的大趋势是一致的，也符合中国建设社会主义法治国家的战略目标。正确适用行政比例原则可以为行政复议提供一个较为客观、容易把握的判断标准，并据此作出公正的决定。

（撰稿人：任荣东）

当涉及当事人实际权利时，
已失效的案件也可进行著录项目变更

——某科技有限公司不服著录项目变更视为未提出案

基本案情

某科技有限公司（以下称"申请人"）不服国家知识产权局（以下称"被申请人"）2018 年 1 月 11 日作出的著录项目变更请求《视为未提出通知书》，向行政复议机关申请行政复议。

经查，2016 年 9 月 12 日，钱某向被申请人提出名称为"一种区块链加密射频芯片的存储设计方法"的发明专利申请（简称"涉案申请"），发明人为钱某。因申请人未缴纳申请费及公布印刷费，故被申请人于 2016 年 12 月 21 日发出《视为撤回通知书》，该涉案申请被视为撤回。2018 年 1 月 4 日，申请人向被申请人提交了著录项目变更申报书及著录项目变更理由证明文件，请求将涉案申请的申请人由钱某变更为某科技有限公司，将发明人由钱某变更为陆某。2018 年 1 月 11 日，被申请人发出《视为未提出通知书》，以"本专利申请或专利处于失效阶段"为由，不予办理著录项目变更手续。申请人的复议理由为：（1）申请人在提交涉案申请时将申请人和发明人错误填写为"钱某"，为保证其后续申请可以享有优先权以及顺利进行，必须更正涉案申请的申请人和发明人信息；（2）该《视为未提出通知书》没有法律依据，申请权、与申请权相关的权利和发明人署名权与涉案申请是否失效并无关联；（3）该《视为未提出通知书》是坚持错误的行为；（4）涉案申请的申请权、与申请权相关的权利和发明人署名权客观存在，视为未提出著录项目变更请求的行为剥夺了申请实际申请人的申请权、与申请权相关的权利和实际发明人的署名权；（5）视为未提出著录项目变更请求的行为不符合立法宗旨。

经复议审理，行政复议机关于 2018 年 4 月 11 日作出行政复议决定，撤销了上述《视为未提出通知书》。

焦点问题评析

该案的焦点问题在于，对于已处于失效阶段的案件，是否可以准予以及在什么情况下可以准予当事人进行著录项目变更。

《专利法》第十条第三款规定："转让专利申请权或者专利权的，当事人应当订立书面合同，并向国务院专利行政部门登记，由国务院专利行政部门予以公告。专利申请权或者专利权的转让自登记之日起生效。"

《专利法实施细则》第一百一十九条第二款规定："请求变更发明人姓名、专利申请人和专利权人的姓名或者名称、国籍和地址、专利代理机构的名称、地址和代理人姓名的，应当向国务院专利行政部门办理著录事项变更手续，并附具变更理由的证明材料。"

《专利审查指南 2010（修订版）》第一部分第一章第 6.7.2.2 节规定，"申请人（或专利权人）因权利的转让或者赠与发生权利转移提出变更请求的，应当提交转让或者赠与合同。该合同是由单位订立的，应当加盖单位公章或者合同专用章。公民订立合同的，由本人签字或者盖章。有多个申请人（或专利权人）的，应当提交全体权利人同意转让或者赠与的证明材料"。

《专利审查指南 2010（修订版）》第一部分第一章第 6.7.2.3 节规定，"因漏填或者错填发明人提出变更请求的，应当提交由全体申请人（或专利权人）和变更前全体发明人签字或者盖章的证明文件"。

对于上述焦点问题，存在两种观点。一种观点认为，对于已经处于失效阶段的专利申请或专利，进行著录项目变更已无实际意义，故不应准予当事人的著录项目变更请求。另一种观点认为，《专利法》《专利法实施细则》《专利审查指南2010（修订版）》等相关法律、法规中均没有限制对处于失效阶段的专利申请或专利进行著录项目变更，故不准予当事人的著录项目变更请求于法无据。

我们认为，被申请人于2018年1月11日发出的《视为未提出通知书》中，仅载明视为未提出的原因为"本专利申请或专利处于失效阶段，不予办理著录项目变更手续"，而未记载相应的法律依据。经审查，《专利法》《专利法实施细则》《专利审查指南2010（修订版）》等相关法律、法规和规章中并没有因专利申请或专利处于失效阶段就不予办理著录项目变更的规定，故该《视为未提出通知书》缺乏法律依据。一般情况下，专利申请或专利权一旦失效，当事人办理著录项目变更也就失去意义。但该案中并非如此，著录项目变更与否，对当事人权利有实际影响。申请人在著录项目变更申请时陈述自己提出了在后的中国台湾申请和PCT申请，因与涉案申请的申请人、发明人不一致，故为保证其后续申请可以享有优先权以及顺利进行，必须更正涉案申请的申请人和发明人信息。可见，该《视为未提出通知书》可能会对申请人的实际权利造成影响。

思考与启示

对于此类行政复议案件，我们在审查时首先会考虑原行政行为的作出是否有法律依据。其次我们会考虑该行政行为是否可能会对当事人的实际权利造成影响。当原行政行为缺乏法律依据，且有可能对当事人的实际权利造成影响时，出于保护当事人权益的考虑，我们会作出撤销原行政行为的决定。一般情况下，专利申请或专利权一旦失效，当事人办理著录项目变更也就失去意义，但该案情况较为特殊，故应结合当事人的陈述，全面、审慎地进行审查。

（撰稿人：任荣东）

对证据真实性、关联性的审查

——谢某不服不予恢复专利权案

　　谢某（以下称"申请人"）不服国家知识产权局（以下称"被申请人"）2016 年 6 月 2 日作出的《恢复权利请求审批通知书》，于 2016 年 7 月 5 日向行政复议机关申请行政复议。

　　经查，2009 年 10 月 21 日，申请人向被申请人提交了名称为"一种非金属纤维增强带"的实用新型专利申请。2009 年 10 月 21 日，被申请人发出《专利申请受理通知书》。2010 年 6 月 25 日，被申请人发出授予实用新型专利权通知书，同意授予上述实用新型专利申请专利权。2015 年 6 月 26 日，被申请人发出《专利权终止通知书》，告知申请人，由于其未按《缴费通知书》中的规定缴纳或者缴足第 6 年度年费和滞纳金，根据《专利法》第四十四条的规定，该专利权于 2014 年 10 月 21 日终止。2015 年 7 月 9 日，申请人向被申请人提交了纸件转电子申请请求书，根据国家知识产权局《关于专利电子申请的规定》（局令第 57 号），请求将该纸件申请转为专利电子申请。2015 年 7 月 13 日，申请人向被申请人提交了《恢复权利请求书》，以其出差在外，耽误了年费和滞纳金的缴纳为由，请求恢复权利。2015 年 8 月 19 日，被申请人发出办理《恢复权利手续补正通知书》，告知申请人，应于收到本通知书之日起 1 个月内缴纳恢复费 1000 元、年费

1200 元、滞纳金 300 元。2015 年 11 月 17 日，被申请人发出《恢复权利请求审批通知书》，以"未按国家知识产权局于 2015 年 8 月 19 日发出的办理《恢复权利手续补正通知书》的要求进行答复"为由，不同意恢复权利。2016 年 1 月 18 日，申请人再次向被申请人提交了《恢复权利请求书》，以其因公出国，未及时办理年费的缴纳手续为由请求恢复权利。2016 年 1 月 25 日，被申请人发出《视为未提出通知书》，告知申请人"被申请人已发出不同意恢复权利的审批决定，本案已处于失效状态"。2016 年 3 月 24 日，申请人向被申请人提交了《意见陈述书》，以"没有收到被申请人 2015 年 8 月 19 日发出的办理《恢复权利手续补正通知书》，因而不知道应该向被申请人缴纳多少恢复费、年费及滞纳金"为由，请求恢复权利。2016 年 4 月 11 日，被申请人发出《审查业务专用函》，告知申请人，其所述恢复理由不合格，不予恢复，被申请人 2015 年 8 月 19 日发出的办理《恢复权利手续补正通知书》已于 2015 年 8 月 19 日下载。2016 年 5 月 18 日，申请人第三次向被申请人提交了《恢复权利请求书》，以其于 2015 年 8 月 9 日至 2016 年 1 月 10 日在湖南一家医院住院治疗，并神智昏迷，丧失自主意识为由请求恢复权利，并附具了湖南省临湘市中医院出具的出院记录。2016 年 6 月 2 日，被申请人发出《恢复权利请求审批通知书》，以"恢复权利请求是在规定期限届满后提出的，不符合《专利法实施细则》第六条的规定""未缴纳或缴足恢复权利请求费，不符合《专利法实施细则》第九十九条的规定""《恢复权利请求书》中陈述的理由不符合《专利法实施细则》第六条第一款的规定"为由，不同意恢复权利。申请人的复议理由为，其于 2015 年 8 月 9 日至 2016 年 1 月 10 日在湖南一家医院住院治疗，并神智昏迷，丧失自主意识，属于《专利法实施细则》第六条第一款规定的不可抗拒的事由，因此应撤销 2016 年 5 月 4 日发出的《恢复权利请求审批通知书》。

经复议审理，行政复议机关根据《专利法实施细则》第六条第一款、第二款、第三款的规定，于 2016 年 8 月 11 日作出了维持上述《恢复权利请求审批通知书》的复议决定。

焦点问题评析

该案的焦点问题在于，根据申请人所提交的证据是否应该恢复申请人的权利。

我们认为，（1）申请人所提交的证据不具备真实性。申请人于 2016 年 1 月 18 日向被申请人提交的《恢复权利请求书》中，以其因公出国，未及时办理年费的缴纳手续为由请求恢复权利；其于 2016 年 5 月 18 日向被申请人提交的《恢复权利请求书》中，又以其于 2015 年 8 月 9 日至 2016 年 1 月 10 日在湖南一家医院住院治疗，并神智昏迷，丧失自主意识为由请求恢复权利。两次提交的《恢复权利请求书》中恢复理由存在矛盾之处。因此，我们对其提供的湖南省临湘市中医院出具的出院记录的真实性不予采信。

（2）即使申请人提供的湖南省临湘市中医院出具的出院记录是真实的，但在该中医院出具的出院记录中记载，申请人于 2016 年 1 月 10 日已出院，即从 2016 年 1 月 10 日起导致申请人权利丧失的障碍也已经消除，根据《专利法实施细则》第六条第一款、第三款的规定，申请人应于 2016 年 3 月 10 日前向被申请人提交《恢复权利请求书》，说明其因不可抗拒的事由而延误了补正期限，并缴纳第 6 年度的年费和滞纳金。申请人于 2016 年 5 月 18 日才向被申请人说明其因不可抗拒的事由而延误了补正期限，该恢复权利请求的提交日明显晚于《专利法实施细则》第六条第一款规定的期限，即申请人于 2015 年 8 月 9 日至 2016 年 1 月 10 日在湖南省临湘市中医院住院治疗，并神智昏迷，丧失自主意识与该案不具备关联性。

思考与启示

在行政复议过程中，申请人为了支持自己的主张，应当向被申请人提交证据。对于申请人所提交的证据，首先要审查证据的"三性"，即真实性、合法性和关联性。

（1）具有真实性的证据不应该是相互矛盾的，证据之间应当相互印证、相互支撑、相互说明；证据与已证事实之间、证据与情理之间，不应当存在不能解释的矛盾；证据之间、证据与已证事实之间、各事实要素之间应环环相扣，各个事实环节均应有足够的证明，不能出现断裂；在对事实的综合认定上结论应当是唯一的，合理排除了其他可能。（2）证据的关联性就是证据必须与案件待证事实之间存在一定的联系。关联性是实质性和证明性的结合。关联性不涉及证据的真假和证明价值，其侧重的是证据与证明对象之间的形式性关系，即证据相对于证明对象是否具有实质性，以及证据对于证明对象是否具有证明性。在厘清案件待证事实的情况下，要判断某项证据是否具有实质性，主要就要考察当事人提出该证据的证明目的，考察该证明目的是否有助于证明该案中的争议事实。如果特定证据的证明目的并非指向该案的待证事实，则该证据不具有实质性，也就没有关联性。

（撰稿人：任荣东）

将 CPC 系统中摘要附图区域的附图加入到说明书附图中，应重新确定申请日

——某科技有限公司不服重新确定申请日案

基本案情

某科技有限公司（以下称"申请人"）不服国家知识产权局（以下称"被申请人"）2017 年 10 月 10 日作出的《重新确定申请日通知书》，于 2017 年 12 月 15 日向行政复议机关申请行政复议。

经查，2017 年 1 月 21 日，申请人向被申请人提交了名称为"防水连接器"的实用新型专利申请（简称"涉案专利"）。其中摘要附图（附图 A）上，在其页脚处有"图 8"字样；说明书附图首页（附图 B），在其页眉处有"摘要附图"字样；在该说明书中有关于说明书附图 8 的描述，但说明书附图中没有附图 8。后被申请人发出《专利申请受理通知书》。2017 年 7 月 13 日，被申请人发出《第一次补正通知书》，告知申请人"1. 说明书中写有对附图 8 的说明但缺少该附图。根据《专利法实施细则》第四十条规定，申请人应当在指定的期限内补交附图或者声明取消对附图的说明。申请人补交附图的，以向专利局提交或者邮寄附图之日为申请日；取消对附图的说明的，保留原申请日。2. 摘要附图不是说明书附图之一，不符合专利法实施细则第二十三条第二款的规定。申请人应当从说明书附图中选出一幅最能说明该实用新型技术特征的附图作为摘要附图"。2017 年 9 月 11 日，申请人

向被申请人提交了补正书和补正后的摘要附图和说明书附图。在补正书中，申请人表示：（1）由于操作失误，其误将需要作为说明书附图 8（附图 A）的附图作为了摘要附图，而遗失了说明书附图 8，故将摘要附图修改为说明书附图 8 加入到说明书附图中；（2）基于上述相同的理由，其遗失了正确的摘要附图，故将说明书附图 1 修改为摘要附图。在补正后的说明书附图中，申请人将原摘要附图作为说明书附图 8 加入到说明书附图中，将原说明书附图首页作为摘要附图。2017 年 10 月 10 日，被申请人发出《重新确定申请日通知书》，重新确定申请日为 2017 年 9 月 11 日。申请人的复议理由为：（1）因申请人在其公司内部系统操作时的问题，在 2017 年 1 月 21 日提交的原始申请文件中，说明书附图中的"图 8"被误上传至 CPC 客户端的摘要附图区域，而摘要附图被误上传至 CPC 客户端的说明书附图区域。两区域的附图合并后仍是完整正确的摘要附图（1 页）和说明书附图（10 页，共 10 图），且附图页首的"摘要附图"和"说明书附图"及页尾的"图 1"至"图 10"文字足以让每张图的归类清楚明确；（2）申请人于 2017 年 9 月 11 日补正文件中的附图与原始申请文件的附图相比，没有任何新增，只是作了对申请时附图文件上传区域错误缺陷的克服，相当于对附图摆放的前后顺序的调整；（3）原始申请文件仅出现了 2 张附图误上传至 CPC 客户端错误区域的缺陷，该缺陷不属于《专利法实施细则》第四十条所述的"缺少部分附图"的情形，申请人的补正文件仅属于对原始申请文件中明显的上传区域错误的调整，不应该导致"重新确定申请日"的严重后果；（4）申请日的重新确定对申请人的权益造成了损害，对于申请日的重新确定应遵循听证程序，且《第一次补正通知书》不清楚而使申请无法理解审查员的意图，故上述《重新确定申请日通知书》的作出违反了听证原则。

经复议审理，行政复议机关于 2018 年 5 月 14 日作出行政复议决定，维持了上述《重新确定申请日通知书》。

焦点问题评析

该案的焦点问题在于，是否应当接受申请人的复议理由，准予其将摘要附图区域的附图补入到说明书附图中，并享有原申请日。

《专利法》第三十三条规定："申请人可以对其专利申请文件进行修改，但是，对发明和实用新型专利申请文件的修改不得超出原说明书和权利要求记载的范围，对外观设计专利申请文件的修改不得超出原图片或者照片表示的范围。"

《专利法实施细则》第四十条规定："说明书中写有对附图的说明但无附图或者缺少部分附图的，申请人应当在国务院专利行政部门指定的期限内补交附图或者声明取消对附图的说明。申请人补交附图的，以向国务院专利行政部门提交或者邮寄附图之日为申请日；取消对附图的说明的，保留原申请日。"

对于上述焦点问题，存在两种观点。一种观点认为，附图 A 中有"图8"字样、附图 B 中有"摘要附图"字样，由此可以确定，申请人因操作失误导致了附图文件上传区域错误，这种错误类似于纸件申请中，附图排序出现了错误，实质上并未增加或变更说明书附图，故应当撤销上述《重新确定申请日通知书》。

另一种观点认为，CPC 客户端中的摘要附图区域和说明书附图区域都具有法律意义，无论附图 A 中是否有"图8"字样、附图 B 中是否有"摘要附图"字样，只要申请人将附图 A 上传至摘要附图区域、将附图 B 上传至说明书附图区域即认可该附图 A 为摘要附图、附图 B 为说明书附图，故应当依据《专利法实施细则》第四十条的规定维持上述《重新确定申请日通知书》。

我们认为，首先，申请人于 2017 年 1 月 21 日向被申请人提交的说明书中有关于说明书附图 8 的描述，但说明书附图中没有附图 8，且摘要附图不是说明书附图之一，故被申请人于 2017 年 7 月 13 日发出《第一次补正通知书》告知申请人 "1. 说明书中写有对附图 8 的说明但缺少该附图。根据专利法实施细则第四十条规定，申请人应当在指定的期限内补交附图或者声明取消对附图的说明。申请人补交附图的，以向专利局提交或者邮寄附图之日为申请日；取消对附图的说明的，保留原申请日。2. 摘要附图不是说明书附图之一，不符合专利法实施细则第二十三条第二款的规定。申请人应当从说明书附图中选出一幅最能说明该实用新型技术特征的附图作为摘要附图"。该《第一次补正通知书》表述清楚，依据正确，程序合法，即被申请人已将相关事实、法律依据和相应的法律后果告知过申请人，并给予了申请人陈述意见和修改申请文件的机会。其后，申请人针对上述补正通知书所指出的缺陷进行了补正，将摘要附图作为说明书附图 8 加入到说明书附图中，并将说明书附图首页作为摘要附图，即申请人亦认可上述补正通知书的内容，并作出了选择。由于申请人在说明书附图中加入了原说明书附图中没有的附图 8，故被申请人依据《专利法实施细则》第四十条的规定，于 2017 年 10 月 10 日发出《重新确定申请日通知书》，将涉案专利的申请日重新确定为 2017 年 9 月 11 日并无不妥，且该《重新确定申请日通知书》是根据申请人的自主选择而作出的，未包含新的事实、理由和/或证据，故亦符合听证要求。

其次，在申请人于 2017 年 9 月 11 日提交的补正书以及其复议申请书中亦承认，其在 CPC 客户端的摘要附图区域上传的附图如附图 A 所示，且未将涉案专利说明书中说明的附图 8 上传至 CPC 客户端的说明书附图区域，对此被申请人予以确认。并且，《专利电子申请系统用户注册协议》第三条第一款的规定了申请人应当充分了解被申请人所提供的专利电子申请系统。申请人既已签署该《专利电子申请系统用户注册协议》，表明其已知晓并认可 CPC 客户端的摘要附图区域应当上传涉案专利的摘要附图、说明书附图区域应该上传涉案专利的说明书附图。故即使如申请人所述是由于其操作失误而导致附图上传错误，其所产生的相应法律后果也应由申请人承担。

最后，根据《专利法》第三十三条的规定，摘要附图不能作为修改说明书附图的依据，故涉案专利说明书附图中缺少附图 8 属于《专利法实施细则》第四十条所规定的"缺少部分附图"的情形，申请人将摘要附图加入到说明书附图中属于《专利法实施细则》第四十条所规定的"补交附图"的情形。

思考与启示

随着专利电子申请系统的普及，在方便申请人、提高申请效率的同时，也随之带来了一些纸件申请时没有出现的问题。《专利电子申请系统用户注册协议》第三条第一款的规定了申请人应当充分了解被申请人所提供的专利电子申请系统。申请人既已签署该《专利电子申请系统用户注册协议》，表明其已知晓并认可 CPC 客户端各个区域的法律意义，故所产生的相应法律后果也应由申请人承担。为了避免对自身的权利造成影响，在使用 CPC 客户端申请专利时，申请人应仔细阅读专利电子申请系统的相关说明，了解清楚其中各个区域的含义，并认真审核所上传的申请文件，尽到基本的注意义务。

（撰稿人：任荣东）

外观设计的名称属于外观设计专利
申请的组成部分

——某科技有限公司不服著录项目变更视为未提出案

基本案情

某科技有限公司（以下称"申请人"）不服国家知识产权局（以下称"被申请人"）2014 年 10 月 14 日作出的著录项目变更请求《视为未提出通知书》，于 2014 年 11 月 25 日向行政复议机关申请行政复议。

经查，2012 年 12 月 19 日，申请人向被申请人提交了名称为"手表型无线通讯装置（GD960）"的外观设计专利申请。2012 年 12 月 19 日，被申请人发出《专利申请受理通知书》。2013 年 4 月 22 日，被申请人发出《授予外观设计专利权通知书》，同意授予专利权，并确定该外观设计专利的名称为"手表型无线通讯装置（GD960）"。2014 年 9 月 27 日，申请人向被申请人提交了著录项目变更申报书，请求将该外观设计专利的名称变更为"手表型无线通讯装置（D9）"。2014 年 10 月 14 日，被申请人发出《视为未提出通知书》，不同意上述变更请求。申请人的复议理由为：专利名称变更没有被法律禁止，又没有改变专利的实质内容和专利产品种类及分类，因此，应当予以变更。

经复议审理，行政复议机关认为，申请人著录项目变更申报书的提交时间不符合《专利法实施细则》第五十一条第二款的规定，并且所修改的内容不属于《专利审查指南 2010（修订版）》

第一部分第三章第 10.1 节规定的可以被接受的修改文件。因此，维持被申请人 2014 年 10 月 14 日作出的《视为未提出通知书》。

焦点问题评析

该案的焦点问题在于：（1）外观设计专利的名称是否属于外观设计专利申请的组成部分，对外观设计专利名称的修改是否应适用《专利法实施细则》第五十一条的规定；（2）修改外观设计专利的名称是否为了消除原申请文件存在的缺陷。

《专利法》第二十七条第一款规定，"申请外观设计专利的，应当提交请求书、该外观设计的图片或者照片以及对该外观设计的简要说明等文件"。《专利法》第五十九条第二款规定，"外观设计专利权的保护范围以表示在图片或者照片中的该产品的外观设计为准，简要说明可以用于解释图片或者照片所表示的该产品的外观设计"。《专利法实施细则》第二十八条第一款规定，"外观设计的简要说明应当写明外观设计产品的名称、用途，外观设计的设计要点，并指定一幅最能表明设计要点的图片或者照片。省略视图或者请求保护色彩的，应当在简要说明中写明"。《专利法实施细则》第五十一条第二款、第三款规定，"实用新型或者外观设计专利申请人自申请日起 2 个月内，可以对实用新型或者外观设计专利申请主动提出修改。申请人在收到国务院专利行政部门发出的审查意见通知书后对专利申请文件进行修改的，应当针对通知书指出的缺陷进行修改"。《专利审查指南 2010（修订版）》第一部分第三章第 10.1 节中规定："对于申请人的主动修改，审查员应当首先核对提出修改的日期是否在自申请日起 2 个月内。对于超过 2 个月的修改，如果修改的文件消除了原申请文件存在的缺陷，并且具有被授权的前景，则该修改文件可以接受。对于不接受的修改文件，审查员应当发出视为未提出通知书。"

我们认为，（1）根据《专利法实施细则》第二十八条第一款的规定，外观设计专利的名称属于外观设计的简要说明中的内容，且根据《专利法》第五十九条第二款的规定，外观设计专利权简要说明可以用于解释图片或者照片所表示的该产品的外观设计，因此，外观设计产品的名称属于外观设计专利申请的组成部分，对外观设计产品名称的修改应当适用《专利法实施细则》第五十一条的相关规定。该案中申请人对外观设计专利名称的修改不是在收到被申请人发出的审查意见通知书后对专利申请文件进行的修改，不属于《专利法实施细则》第五十一条第三款规定的针对通知书指出的缺陷进行修改的情况，属于专利权人主动提出的修改。申请人是于 2012 年 12 月 19 日向被申请人提交的名称为"手表型无线通讯装置（GD960）"的外观设计专利申请。上述著录项目变更申报书的提交日明显晚于申请日起 2 个月，因此，上述修改的时间不符合《专利法实施细则》第五十一条第二款的规定。（2）根据申请人在行政复议申请书中所述的，申请人变更外观设计专利名称是为了宣传时使专利的名称能与产品实际名称对应，避免在宣传时专利与产品不一致引起误解，因此，上述修改并非是为了消除原申请文件存在的缺陷，故也不属于《专利审查指南 2010（修订版）》第一部分第三章第 10.1 节规定的可以被接受的修改文件，对于不接受的修改文件，审查员应当发出《视为未提出通知书》。

思考与启示

根据《专利审查指南 2010（修订版）》第一部分第一章第 6.7 节的规定，发明名称属于专利/专利申请的著录项目，对于专利/专利申请的著录项目，申请人有权进行变更。但外观设计专利的名称还属于外观设计专利申请的组成部分，因此，对于外观设计专利名称的变更，不仅要依据《专利法实施细则》第九十三条、第九十九条以及《专利审查指南2010（修订版）》第6.7.3节的规定进行审批，还要求依据《专利法实施细则》第五十一条以及《专利审查指南2010（修订版）》第一部分第三章第10.1节的规定进行审查。

（撰稿人：任荣东）

准确把握行政收费的法定原则

——某环保技术服务有限公司不服专利权终止案

基本案情

某环保技术服务有限公司（以下称"申请人"）因不服国家知识产权局（以下称"被申请人"）2015年1月30日作出的《专利权终止通知书》，向行政复议机关申请行政复议。

经查，申请人于2008年5月23日向被申请人提出涉案发明专利申请。2010年6月16日，该专利申请作出授权公告。2014年6月27日，被申请人发出《缴费通知书》，通知申请人，该专利的年费缴纳期限已满，需补缴第7年度的年费2000元和滞纳金。2014年7月22日，申请人向某代办处汇去2100元，并于同日传真相关缴费信息，其中注明费用名称为"专利年费"。2014年7月25日，申请人再次向该代办处传真更改过的缴费信息，其中列明费用名称为"专利年费2000元，滞纳金100元"。该代办处据此将该专利的年费及滞纳金缴纳日确定为2014年7月25日。根据规定，缴费时间在2014年6月24日到2014年7月23日之间的，应缴纳滞纳金100元；缴费时间在2014年7月24日到2014年8月25日之间的，应缴纳滞纳金200元。按照代办处确定的缴费日，申请人应缴纳滞纳金200元，但由于申请人仅缴纳了100元，2015年1月30日被申请人发出《专利权终止通知书》。

行政复议机关经审理认为，虽然申请人在 2014 年 7 月 22 日缴费时仅注明为"专利年费"未注明滞纳金，但其当天缴纳的 2100 元在扣除第 7 年年费 2000 元后，剩余 100 元与当天应缴滞纳金的金额相一致，因此可以确定该笔费用除申请人列明的"专利年费"外，还应包括年费滞纳金。基于此，涉案专利的缴费日应当确定为 2014 年 7 月 22 日，即认为申请人已足额缴纳年费和滞纳金，并据此撤销《专利权终止通知书》。

焦点问题评析

该案焦点为如果当事人缴费时仅填写部分费用名称，对其缴费手续的办理情况如何认定。

《专利法实施细则》第九十八条规定："授予专利权当年以后的年费应当在上一年度期满前缴纳。专利权人未缴纳或者未缴足的，国务院专利行政部门应当通知专利权人自应当缴纳年费期满之日起 6 个月内补缴，同时缴纳滞纳金；滞纳金的金额按照每超过规定的缴费时间 1 个月，加收当年全额年费的 5% 计算；期满未缴纳的，专利权自应当缴纳年费期满之日起终止。"同时，根据《专利法实施细则》第九十四条第二款规定："应当在送交国务院专利行政部门的汇单上写明正确的申请号或者专利号以及缴纳的费用名称。不符合本款规定的，视为未办理缴费手续。"该案当事人于 2014 年 7 月 22 日足额缴纳了年费及滞纳金 2100 元，但当事人在费用名称处仅填写"专利年费"漏填了"滞纳金"，原部门认为其未写明缴纳的费用名称，视为未办理缴费手续。

该案主要涉及如下两个问题：（1）费用名称填写是否符合《专利法实施细则》有关规定；（2）当事人补充缴费信息后是否需要重新确定缴费日。

《专利法实施细则》第九十四条第二款的规定主要是让当事

人明确其所缴纳费用所针对的具体专利以及费用种类，从而保证专利的用费准确，避免后续问题的产生。而由《专利法实施细则》第九十八条规定可知，当事人有在法定期限内缴纳年费的义务，如果超出该期限但未超过 6 个月缴纳年费的，还需缴纳一定金额的滞纳金，因此，滞纳金的产生与年费的缴纳时间密切相关，超期缴纳年费的同时还需缴纳滞纳金。该案中，申请人缴纳的费用金额与其应缴的年费及滞纳金总金额相符，并且已经在缴费信息处填写了正确的专利号以及费用名称为"专利年费"。在当事人所缴纳的 2100 元除去年费 2000 元后剩余 100 元与应缴滞纳金的金额相一致的情况下，可以确认该笔费用除当事人列明的"专利年费"外，还应包括年费滞纳金，这一用费逻辑不仅与《专利法实施细则》第九十八条的规定相一致，还可以避免因视为未办理缴费手续而产生后续的纷争。因此，应当认为当事人的费用名称填写符合《专利法实施细则》第九十四条第二款的规定。

《专利审查指南 2010（修订版）》第五部分第二章第 7 节规定，费用通过邮局或者银行汇付时遗漏必要缴费信息的，可以在汇款当日通过传真或者电子邮件的方式补充。补充完整缴费信息的，以汇款日为缴费日。当日补充不完整而再次补充的，以专利局收到完整缴费信息之日为缴费日。《专利审查指南 2010（修订版）》这一规定的适用前提是"遗漏必要缴费信息"，即针对的是当事人缴费时专利号和费用名称填写不清，且使费用管理部门无法分割或者如果分割可能会引起不必要纷争的情形。而该案中，当事人在第一次传真缴费信息时已经填写了"专利年费"，并且根据这一缴费信息结合当事人缴费金额，可以确定其另一项所希望缴纳的费用是年费滞纳金，因此当事人的第一次缴费行为不属于"遗漏必要缴费信息"，自然也不能依据《专利审查指南 2010（修订版）》的上述规定，将该案当事人补充完整缴费信息的 2014 年 7 月 25 日确定为缴费日，而应当将其第一次缴费的时间 2014 年 7 月 22 日确定为缴费日。

思考与启示

该案的启示是，应当从立法本意来对法律的相关规定进行理解和适用。《专利法实施细则》和《专利审查指南 2010（修订版）》中对费用名称的填写和补充作出限定，是为保证申请人和专利权人的合法权益，避免出现不必要纷争。因为，当事人缴纳专利费用时，费用名称的填写对于一项专利的申请以及其他手续的办理都至关重要，因为如果没有费用名称，收费机构将无法确切地将该费用与应当缴费的手续对应，只能将费用暂存，使得有些专利权或申请权因费用不到位而丧失。该案当事人在第一次传真缴费信息时的确存在信息漏填的错误，但并不属于"遗漏必要缴费信息"情形，不至于影响费用管理部门对其所缴纳费用的判断，也不应当导致当事人因缺少费用而丧失专利权，因此将当事人第一次传真缴费信息日确定为缴费日，符合相关法律法规规定的立法本意，也更好维护了当事人的利益。

（撰稿人：林冠）

行政机关是否履行送达文书职责的认定

——冯某不服不予恢复专利权案

冯某（以下称"申请人"）不服国家知识产权局（以下称"被申请人"）2014 年 3 月 28 日作出的不同意恢复权利的决定，向行政复议机关申请行政复议。

经查，申请人于 2008 年 1 月 15 日提出涉案发明专利申请，并委托某专利代理机构代为办理该申请以及专利权有效期内的全部事务。该专利申请于 2010 年 11 月 3 日授权。2012 年 2 月 22 日，被申请人向代理机构发出《缴费通知书》，告知应于 2012 年 7 月 16 日之前补缴年费和滞纳金。由于未收到相关费用，被申请人 2012 年 9 月 24 日发出《专利权终止通知书》。申请人于 2014 年 3 月 13 日和 2014 年 3 月 18 日先后两次提交《恢复权利请求书》，称代理机构未转交《缴费通知书》。2014 年 3 月 28 日，被申请人作出不同意恢复权利的决定。

行政复议机关经审理认为，申请人委托代理机构办理涉案专利的全部事务，接收通知书便属于其中之一，申请人以未收到被申请人向代理机构送达的通知书为由请求给予恢复权利，没有法律依据。

焦点问题评析

该案涉及通知书送达的问题。送达是当事人知悉被申请人具体行政行为事实、依据、结果和相关程序性权利的法定途径，关系到当事人知情权的保障，也关系到被申请人所作通知和决定的生效。该案申请人委托了专利代理机构办理专利事务，因此送达分两个阶段，第一个阶段是被申请人向代理机构送达通知书，第二个阶段是代理机构向当事人送达通知书或告知通知书内容，这两个阶段分别涉及不同的法律关系和权利义务主体，分析如下。

（1）被申请人向代理机构的送达。

被申请人向行政相对人送交文件属于行政机关的行政行为。《专利法实施细则》第四条第二款规定："国务院专利行政部门的各种文件，可以通过邮寄、直接送交或者其他方式送达当事人。当事人委托专利代理机构的，文件送交专利代理机构；未委托专利代理机构的，文件送交请求书中指明的联系人。"该条第三款规定："国务院专利行政部门邮寄的各种文件，自文件发出之日起满15日，推定为当事人收到文件之日。"根据上述规定，在申请人委托代理机构的情况下，被申请人应向该代理机构发送有关文书，文书送达至代理机构后，其所作的通知和决定便已生效。

（2）代理机构与申请人间的权利义务关系。

代理机构收到通知书后，需要承担告知申请人通知书内容的责任。代理机构与申请人之间的权利义务关系由民事法律调整，他们之间主要存在民事代理法律关系，而民事代理法律关系有三个最重要的特点：一是代理人以委托人的名义进行活动；二是代理人在代理权限内进行活动；三是代理行为的后果直接归属于委托人。该案中，申请人与代理机构签署了专利代理委托书，代理机构受申请人委托代为办理涉案发明申请以及专利权有效期内的全部专利事务，因此代理机构收到通知即视为申请人收到了通知。该案申请人陈述由于代理机构的原因致使其权利丧失，此时应当由代理机构承担民事责任，而非由被申请人承担责任。

思考与启示

由于专利申请的专业性，许多个人或公司会选择代理机构。当专利申请人委托代理机构后，专利代理机构将受托办理大部分的专利事务，不仅涉及申请文件的递交、通知书的答复，还有国务院专利行政部门所发通知、决定的接受以及费用的缴纳。而在实践中，许多申请人仅在专利授权前与代理机构保持沟通，获得专利证书之后就极少与代理机构联系。但即使在专利授权后，申请人也应该关注相关事务的进展情况，因为根据专利代理委托书，代理机构的权限并不止于专利申请，还涉及专利权有效期内的专利事务，在双方未解除委托代理关系的情况下，国务院专利行政部门仍会将通知发往代理机构。因此，如果在专利权有限期内，代理机构未履行代理义务也未将需要办理的专利事务告知申请人，可能导致专利权终止等严重后果。所以，如果申请人和代理机构间实际上已不存在委托代理关系，双方应及时办理解除委托手续，以免造成不必要的损失。

（撰稿人：林冠）

专利电子申请中优先权证明文件的形式要求

——某公司不服视为未要求优先权案

基本案情

某公司（以下称"申请人"）对国家知识产权局（以下称"被申请人"）2015 年 4 月 1 日作出的《视为未要求优先权通知书》不服，向行政复议机关申请行政复议，请求撤销《视为未要求优先权通知书》，并退还其缴纳的恢复权利请求费 1000 元。

经查，申请人于 2014 年 12 月 11 日提出名称为"密封装置"的发明专利电子申请并要求享有外国优先权。2015 年 1 月 30 日，申请人以纸件形式向被申请人提交非原件的在先申请文件。2015 年 4 月 1 日，被申请人发出《视为未要求优先权通知书》，指出申请人提交的在先申请文件是复印件，不符合规定。2015 年 4 月 8 日，申请人提交《意见陈述书》，称在没有发出《办理手续补正通知书》的前提下，被申请人直接发出《视为未要求优先权通知书》不合理；申请人另称，其提交的在先申请文件为电子文件的打印件，不属于复印件，符合相关规定。2015 年 5 月 29 日，申请人以电子扫描文件形式向被申请人提交在先申请文件副本的首页译文。2015 年 6 月 11 日，申请人向被申请人提交《恢复权利请求书》，同时以电子扫描文件形式提交了在先申请文件副本及其首页译文，并且申请人缴纳了 1000 元的恢复权利请求费。2015 年 7 月 8 日，被申请人发出《恢复权利请求审批通知书》，同意恢复其优先权。

行政复议机关经审理认为，涉案专利申请为电子申请，要求外国优先权应当提交经原受理机构证明的在先申请文件副本原件或原件的电子扫描件，申请人 2015 年 1 月 30 日提交是非原件形式的在先申请文件纸件，因此视为未要求优先权的决定符合相关规定，应当予以维持。

▍焦点问题评析

（1）如何理解在先申请文本副本。

该案的一个焦点问题在于，在先申请文件副本是否必须为原件。这需要结合在先申请文件副本的作用和性质来理解该问题。《专利法》第三十条规定："申请人要求优先权的，应当在申请的时候提出书面声明，并且在 3 个月内提交第一次提出的专利申请文件的副本；未提出书面声明或者逾期未提交专利申请文件副本的，视为未要求优先权。"《专利法实施细则》第三十一条对在先申请文件副本的要求作了进一步说明，要求"应当经原受理机构证明"。根据上述规定可以确定，提交在先申请文件副本的目的在于核实在先申请是否属实，并核实在先申请的一些必要信息和技术内容，因此，在先申请文件副本是作为优先权声明的证明文件，应当按照证明文件的标准来要求其文件形式。对于证明文件，要求提供原件属于基本的形式要求，如果证明文件是以非原件形式提交，其真实性就容易遭到质疑，从而影响其证明效力。作为优先权的证明文件，在先申请副本的获取需要经过特定的程序：包括申请人向在先申请的受理机构提出请求，再由原机构制作并以绶带、漆封方式封装后邮寄给申请人。由此可见，对于纸件形式提交的在先申请副本需要经过严格的制作程序才能成为申请人享有优先权的证明文件，而该案中，申请人提交至审查部门的在先申请副本却是电子文件的打印件，并不是按照特定的程序制作的，因此缺乏相应的证明效力，不能作为在先申请文件副本。

（2）专利电子申请对于在先申请文件副本提交的特殊要求。

涉案申请属于专利电子申请，因此需要考虑在专利电子申请中对于提交在先申请文件副本有何特殊要求。依据《关于专利电子申请的规定》第七条第一款的规定，对于电子申请，除另有规定的外，申请人以纸件形式提交的相关文件视为未提交。同时依据《关于专利电子申请的规定》第八条第一款的规定，"专利法及其实施细则或者专利审查指南中规定的应当以原件形式提交的相关文件"，电子申请既可以提交原件，也可以提交原件的电子扫描件。该案中，涉案专利申请为电子申请，要求外国优先权应当提交经原受理机构证明的在先申请文件副本原件或者原件的电子扫描件。但是该案申请人在第一次提交在先申请文件副本时，仅提交了电子文件的打印件，这既不属于原件也非原件的电子扫描件，因此，不符合专利电子申请文件提交的相关规定。

申请人还存在的一个疑问是，既然电子扫描件和打印的电子文件都是非原件形式，为何前者可以作为证明文件而后者不行。对此应当作如下理解：《关于专利电子申请的规定》作为部门规章认可了电子扫描件的证明力，申请人依据该规定可以仅提供副本的电子扫描件，但这并不意味着已经绝对地免除其提供原件的证明责任，因为，在《关于专利电子申请的规定》第八条第一款中还特别规定"国家知识产权局认为必要时，可以要求申请人在指定期限内提交原件"的情形。这表明申请人需要在获得副本原件后，才能通过电子申请系统上传其扫描件；并且，在审查部门认为"必要时"，申请人还承担着提供原件用以证明扫描件真实性的举证责任。

▍思考与启示

由于我国专利制度采取先申请原则，因此优先权原则在我国专利制度中占有重要地位。优先权的获得可以使该专利的申请时间大幅度提前，能否享有优先权对一件专利申请能否获得授权有重要的意义。该案申请人由于对优先权证明文件的误解导致优先权视为未要求，进而使其对被申请人的工作产生一些质疑。行政复议机构与申请人充分沟通，了解其疑问并进行针对性解答，同时考虑到申请人已经通过后续的权利恢复程序进行了优先权恢复，并不存在权利无法通过后续程序进行救济的情形，因此作出了维持原具体行政行为的复议决定，申请人对这一决定表示理解，实现了案结事了的复议效果。

　　由于优先权的重要性，为了保证副本准确无误，申请人提交的在先申请文件副本需要经原受理机构证明，因此整个副本的制作过程需要耗费较长的时间。随着互联网的发展和专利电子申请的普及，以电子方式获得经原受理机构证明的在先申请文件副本成为一种可能。据此，2010 年修改的《专利法实施细则》第三十一条第一款规定的"申请人依照专利法第三十条的规定要求外国优先权的，……国务院专利行政部门通过电子交换等途径获得在先申请文件副本的，视为申请人提交了经该受理机构证明的在先申请文件副本"，为电子交换方式获取在先申请文件副本扫清了法律上的障碍。在实践中，被申请人也已开通了与多个国家间的文件电子交换服务，这使得申请人办理专利申请优先权文件副本相关手续更加便捷，降低了申请人办理优先权手续的时间和金钱成本，从而达到行政行为既符合法律规定又高效便民的有益效果。

（撰稿人：林冠）

证据出现矛盾时，复议机构可以主动介入调查

——某药物研发有限公司不服专利申请视为撤回案

█▌基本案情

某药物研发有限公司（以下称"申请人"）不服国家知识产权局（以下称"被申请人"）2013年4月1日作出的《视为撤回通知书》，向行政复议机关申请行政复议。

经查，申请人于2012年12月25日向被申请人提交发明名称为"一种伐伦克林盐及其制备方法"的发明专利申请。专利申请的申请费和公布印刷费缴纳期限为2013年2月25日，因未在期限内缴纳费用，被申请人发出专利《视为撤回通知书》，申请人申请行政复议，并在复议期间请求恢复权利同时缴纳了恢复权利请求费，被申请人作出恢复权利的决定。

行政复议机关经审理认为：在复议过程中，申请人提供了某银行出具的记账回执原件，经行政复议机构向该银行发函核实，银行出具了加盖会计业务专用章的对账单，载明申请人于2013年2月25日汇出所述费用。基于上述事实核实情况，可以认定申请人已经在规定期限内于2013年2月25日缴纳了相关费用，因此决定撤销《视为撤回通知书》，并退还申请人缴纳的1000元恢复权利请求费。

焦点问题评析

（1）行政复议机构的调查取证。

行政复议机构作为行政复议机关中具体办理行政复议事项的机构，《中华人民共和国行政复议法》（以下简称《行政复议法》）第三条规定了其有"向有关组织和人员调查取证，查阅文件和资料"的职责，《行政复议法》第二十二条进一步规定了行政复议机构"认为有必要时，可以向有关组织和人员调查情况"。这两个条款规定行政复议机构有调查取证的职责和权力。在该案中，对于缴费日的认定，申请人提供了银行对账单和记账回执来证明缴费日为 2013 年 2 月 25 日，被申请人记录的原始缴费数据证明申请人缴费日为 2013 年 2 月 26 日，这两份证据所记载的缴费时间存在冲突，此时为查清事实需要作进一步调查核实。《专利审查指南 2010（修订版）》第五部分第二章第 2 节规定："当事人对缴费日有异议，并提交银行出具的加盖部门公章的证明材料的，以证明材料确认的汇出日重新确定缴费日。"根据《专利审查指南 2010（修订版）》的上述规定，申请人为证明其所声称的缴费日，需要提供带有银行公章的证明材料。但在实践中，由于银行对于公章有着严格的管理规定，要求其在证明某项汇款情况的材料上加盖公章并非易事，因而，该案申请人多次向行政复议机构表示其无法获得带有银行公章的证明材料。鉴于该案的实际情况，行政复议机构在审理案件时主动介入调查，与银行反复多次进行沟通，向其表示这是行政复议机构在依法履行职责，最终，涉案银行在核实汇款信息后，最终同意出具相关的证明文件，证明了申请人于 2013 年 2 月 25 日汇出专利申请所需费用。

（2）行政复议中证据的审查。

当事人在行政复议程序中提交的证据应当符合合法性、真实性和关联性的要求。该案中，申请人第一次向行政复议机构提供的证据为银行对账单复印件和记账回执复印件，虽然该证据与案件事实存在关联性，但是由于其为复印件，且没有经过与原件的核对，证明效力较弱，因此行政复议机构对该证据的合法性和真实性提出了质疑。经过沟通，申请人又主动提交了银行记账回执的原件，使其提交的证据在形式上符合了要求。由于申请人提交的证据与被申请人所记录的缴费信息存在不一致，此时就需要对当事人提交证据的真实性作进一步核实。因此，行政复议机构依法向申请人缴费银行进行核实，在银行出具了证明文件作为补强证据之后，行政复议机构认可了申请人所提交材料的真实性，对申请人在法定期限内缴费的事实进行了确认。

思考与启示

《行政复议法》和《中华人民共和国行政复议法实施条例》（以下简称《行政复议法实施条例》）赋予了行政复议机构"必要时"调查取证的权利，但是法律和法规并未对"必要"的情形作出具体的限定，这使得行政复议机构对办案过程是否需要调查取证这一行为具有较大的自由裁量空间。在一些行政复议案件中，申请人与被申请人提供的证据存在相互矛盾，行政复议机构主动介入、查清事实，是发挥行政复议功能的重要方式。该案中，申请人与被申请人的费用管理部门对专利费用缴纳日期存在争议，此时，行政复议机构通过主动的调查取证，查清了事实，化解了纠纷，充分发挥了行政复议定纷止争的作用。并且，根据《行政复议法》第四条规定的复议原则，行政复议机关在审查原具体行政行为的合法性和合理性时，"应当遵循合法、公正、公开、及时、便民的原则"。该案中，在申请人表示多次尝试仍无法获得所需证明材料后，行政复议机关主动介入调查，最终查清案件事实，使申请人在未花费过多时间和精力的情况下，保护了其合法权益，彰显了行政复议的公正性和便民性的特点，也符合行政复议法的立法本意。

此外，从有关司法解释的历次修改情况来看，司法机关也鼓励行政复议机构主动介入复议案件事实的调查。在较早的司法解释中，对于复议机关在复议过程中收集和补充的证据的证明效力，司法机关并不是完全认可。例如 2000 年施行的《最高人民法院关于执行〈中华人民共和国行政诉讼法〉若干问题的解释》第三十一条第二款中规定，"复议机关在复议过程中收集和补充的证据，不能作为人民法院维持原具体行政行为的根据"；2002年施行的《最高人民法院关于行政诉讼证据若干问题的规定》第六十一条也规定了，"复议机关在复议程序中收集和补充的证据，或者作出原具体行政行为的行政机关在复议程序中未向复议机关提交的证据，不能作为人民法院认定原具体行政行为合法的依据"。但是，在 2018 年 2 月 8 日施行的《最高人民法院关于适用〈中华人民共和国行政诉讼法〉的解释》中对于上述司法解释的相关规定进行了调整，规定了"行政复议机关作共同被告的案件，复议机关在复议程序中依法收集和补充的证据，可以作为人民法院认定复议决定和原行政行为合法的依据"。由此可见，对于行政复议机关在复议程序中主动调查获取的证据，司法机关开始承认其具有证明被诉复议决定和原行政行为合法的效力，这实际上也是在提倡行政复议机构在审理行政复议案件时多用、善用调查手段，从而有助于案件事实的查明。

（撰稿人：林冠）

申请人对专利查询系统的信赖利益应受保护

——某技术有限公司不服国际申请
不能进入中国国家阶段案

基本案情

某技术有限公司（以下称"申请人"）不服国家知识产权局（以下称"被申请人"）2015 年 2 月 2 日作出的《国际申请不能进入中国国家阶段通知书》，向行政复议机关申请行政复议。

经查，申请人于 2014 年 12 月 23 日向被申请人提交了《国际申请进入中国国家阶段声明（发明）》，发明名称为"在一个范围内定位一个个体的装置和方法"，最早优先权日为 2012 年 4 月 24 日。2015 年 1 月 28 日，申请人缴纳了本申请的申请费、文印费、优先权要求费、宽限费和权利要求附加费。2015 年 2 月 2 日，被申请人作出该国际申请不能进入中国国家阶段的决定，主要理由为：未在规定期限内缴纳或缴足相关费用。2015 年 2 月 16 日，申请人向被申请人提交了《意见陈述书》，陈述其经查询中国专利查询系统（以下简称"查询系统"），该系统显示最早的缴费期限是 2015 年 2 月 26 日，经电话核实后其于 2015 年 1 月 28 日缴纳了相关费用。同时申请人附具了查询系统所记载的涉案专利申请应缴费信息的截图，其中优先权要求费截止缴费日显示为 2015 年 2 月 26 日，发明专利申请审查费的截止缴费日显示为 2015 年 4 月 24 日，宽限费、权利要求附加费和发明专利文印费的截止缴费日显示为 2015 年 10 月 12 日。

行政复议机关经审理认为，本案申请人由于信赖中国专利查询系统所公开的涉案申请缴费日信息，导致其缴纳相关费用超出了规定的期限，该国际申请不能进入中国国家阶段的责任并不完全在于申请人，因而决定撤销《国际申请不能进入中国国家阶段通知书》。

焦点问题评析

查询系统是被申请人为满足社会公众对专利申请的查询需求，使公众能高效便捷地查询到所需专利信息，根据相关规定开通的查询网站，通过该系统可查询到专利申请的基本信息和审查信息。该案就是由查询系统提供的信息有误导致当事人超期缴费引起的，因此焦点在于网站查询信息的信赖利益保护问题。

（1）如何理解网站查询信息的性质。

对于查询系统的地位有着两种不同的理解，有观点认为由于在查询系统中有免责声明，声明"查询所涉及的专利申请信息仅供参考，不具有法律效力"，因此该系统对被申请人不应当有法律上的约束；另一种观点认为，查询系统由被申请人官方发布，其中的数据也是官方提供的，由其查询所得的信息应当具有公信力。根据《关于国家知识产权局开通中国专利查询系统的公告》（第173号）可知，开通查询系统是被申请人为了更加完整、准确、及时发布专利信息，给电子申请注册用户及社会公众提供查询权限，方便其查询专利申请的基本信息和审查信息；另外根据《国家知识产权局政府信息公开实施办法》第三章"主动公开"第十三条的规定，"对涉及公众利益调整、需要公众广泛知晓或者需要公众参与决策的政府信息应当公开。应当主动公开下列政府信息：……（四）《中华人民共和国专利法》及其实施细则规定在专利申请、审批及复审、无效等程序中应当对外公开的信息"。综合上述规定可知，该案当事人通过查询系统所获得专利申请的缴费信息应属于被申请人信息公开的内容，因此应当将查询系统提供的缴费信息作为政府信息公开的内容来看待。

（2）网站信息错误的信赖利益边界。

由于查询系统提供专利信息属于信息公开的范畴，且当事人因信赖查询系统公开的信息而导致权利丧失，因此，可以基于信赖利益保护原则给予其救济。在我国的行政法中，《中华人民共和国行政许可法》（以下简称《行政许可法》）第八条体现了信赖利益保护原则："公民、法人或者其他组织依法取得的行政许可受法律保护，行政机关不得擅自改变已经生效的行政许可。行政许可所依据的法律、法规、规章修改或者废止，或者准予行政许可所依据的客观情况发生重大变化的，为了公共利益的需要，行政机关可以依法变更或者撤回已经生效的行政许可。由此给公民、法人或者其他组织造成财产损失的，行政机关应当依法给予补偿。"该案中，虽然查询系统提供的缴费日期与《专利法实施细则》的规定不相符，但是信赖保护原则存在基础应当是有效成立的行政行为，而不是该行为的合法性，只要当事人对行政机关发布的信息表现出信任行为且不存在过错情形，此时当事人基于对行政机关的信赖产生预期的可得利益可以认为是信赖利益，因此不能以查询系统公开的信息不符合法律规定为由而拒绝给当事人提供救济。并且，对于这一利益给予保护既有利于维护行政相对人的合法权益，也有助于建立公众对行政机关的信任感。

网站信息错误固然可以成为当事人请求保护其权益的理由，但需要注意的是这一保护也是有边界的。如果已经有其他的行政行为来对这一错误信息进行纠正，此时就应当综合考虑这些行政行为对当事人造成的影响来决定是否予以救济。在其他几个类似的行政复议案件中，虽然也存在查询系统信息有误的情况，但是被申请人已经通过后续送达当事人的《缴费通知书》和《专利权终止通知书》对查询系统给出的缴费信息进行更正，并反复提示当事人可以通过补缴费用、请求恢复权利等方式进行权利救济，即当事人基于后续通知已经获取了正确的费用信息，此时如果当事人仍以网站信息有误为由要求补偿是无法得到支持的。

思考与启示

如今，被申请人正在大力推进电子政务，扩大数据公开、优化政务服务，继续加强专利信息的公开工作；而随着专利电子申请以及查询系统的完善，申请人、专利权人、代理机构以及社会公众越来越习惯通过查询系统来查询专利申请信息、审查信息和其他事务信息。在这一形势下，我们应当尽量避免查询系统信息发布的错误，确保查询信息的准确性，从而提升被申请人专利信息公开内容的公信力，真正达到电子政务高效便民的行政效果。

（撰稿人：林冠）

邮局将通知书放入信箱应推定送达

——李某不服专利权终止案

基本案情

李某（以下称"申请人"）不服国家知识产权局（以下称"被申请人"）2014年7月25日作出的《专利权终止通知书》，向行政复议机关申请行政复议，请求撤销《专利权终止通知书》并准予恢复权利。

经查，申请人于2004年11月18日向被申请人提出名称为"承压式与非承压式兼容全能太阳能热水器"的发明专利申请。在当天提交的发明专利请求书中，联系人姓名为李某，联系地址为浙江省杭州市某小区。2008年1月2日，被申请人对上述专利申请作出授权公告。2013年11月3日，申请人缴纳了第10年度年费2000元。由于发明专利第10年度年费为4000元，2013年12月25日，被申请人向申请人发出《缴费通知书》，告知该专利年费缴纳期限已满，最迟应于2014年5月19日之前补缴第10年度的年费2000元和滞纳金，该通知书的挂号号码为XQ×××××××××311。申请人并未在规定期限内缴纳相关费用，2014年7月25日，被申请人发出《专利权终止通知书》，告知其由于未按《缴费通知书》中的规定缴纳或缴足第10年度年费和滞纳金，该专利权于2013年11月18日终止。2015年3月11日，浙江省邮政公司杭州市分公司城南投递局向被申请人出具了针对XQ×××××××××311挂号信的签字情况说明，该说明记载"关于邮件查单第325号、326号上的收件人李某签名问题，经反复核实，确实不是收件人本人所签，原因是家住杭州某小区的李某经常白天不在家，晚上又很晚回家，而邮递员因工作原因不能晚上投递。所以不得已只能代签收件人姓名后存放信箱。但之后用户并未收到挂号邮件，是否存在其他原因以致遗失，现在不得而知，为此对以上情况作出说明，以证事实，特此说明"。

行政复议机关经审理认为，在专利权人未补缴年费和滞纳金的情况下，依法应当作出专利权终止的决定；并且申请人在收到《专利权终止通知书》后也未办理专利权恢复手续，给予恢复专利权没有事实和法律依据，因此决定维持《专利权终止通知书》。

焦点问题评析

对于申请人请求撤销《专利权终止通知书》的请求，我们认为，被申请人之所以向专利权人发出权利终止通知书，是因为根据《专利法》第四十三条、第四十四条以及《专利法实施细则》第九十八条的规定，专利权人有按时缴纳年费的义务，如果专利权人未按照规定缴纳年费，专利权将自应当缴纳年费期满之日起终止。按照国家知识产权局《调整后的专利收费项目和标准以及有关事项公告》（第 75 号）的规定，涉案发明专利的第 10 年年费标准为 4000 元，申请人在上一年度期满前仅缴纳 2000 元，未缴足第 10 年年费。为此，被申请人按《专利法实施细则》第九十八条规定发出《缴费通知书》，通知专利权人补缴剩余的年费 2000 元和滞纳金，之后由于未收到相关费用，涉案专利权应当终止。

对于当事人恢复权利的请求，《专利法实施细则》第六条规定了可以恢复的两种情形："当事人因不可抗拒的事由而延误专利法或者本细则规定的期限或者国务院专利行政部门指定的期限，导致其权利丧失的，自障碍消除之日起 2 个月内，最迟自期限届满之日起 2 年内，可以向国务院专利行政部门请求恢复权利。除前款规定的情形外，当事人因其他正当理由延误专利法或者本细则规定的期限或者国务院专利行政部门指定的期限，导致其权利丧失的，可以自收到国务院专利行政部门的通知之日起 2 个月内向国务院专利行政部门请求恢复权利"。

申请人主张其并未收到《缴费通知书》，故未缴纳费用具有正当理由，该理由不属于不可抗拒的事由，因此需要考虑是否应当依据《专利法实施细则》第六条第二款的规定准予其恢复专利权。申请人的专利权因"其他正当理由"获得恢复至少需要满足两个要件：其一，该恢复请求的提出时间应是自收到被申请人通知之日起 2 个月内。其二，理由确为正当。两者缺其一，其专利权均不应被恢复。

申请人在提出复议申请时，附具了浙江省邮政公司杭州市分公司城南投递局出具的未送达《缴费通知书》的情况说明复印件，以证明其请求恢复权利具有正当理由。对此，我们认为，经核实，该通知书已由被申请人发文处送交邮局，虽该邮政公司出具的证明表明该挂号信是由投递员代签，并非由申请人本人签收，但同时也证明了该挂号信已放入其信箱，并且邮箱地址与申请人在提出专利申请时所留存的联系地址相一致，因而，邮局将该挂号信放入其信箱应推定申请人收到。诚然，如申请人所述，存在其未收到该挂号信的可能性，但通过调查和申请人提交的证明材料可以确认，被申请人已将挂号信交邮并且邮局已将该挂号信放入其邮箱，此时应由申请人承担证明其确未收到挂号信的责任。由于申请人并未进一步提交相关证据，因此应认定申请人已收到该通知书，其关于未收到《缴费通知书》的主张不应予以支持。退一步讲，即便申请人确未收到《缴费通知书》，但这仅证明了其请求恢复权利具有正当性，除此之外其还需满足在 2 个月内提出恢复权利请求的期限要求。申请人在复议申请书中自认收到权利终止通知书的时间为 2014 年 8 月初，而其提起行政复议的时间为 2015 年 3 月 25 日，这显然已超过 2 个月期限。由此可见，即便仅考虑期限因素，申请人请求恢复权利的申请亦不符合前述法律规定。

思考与启示

　　邮寄是被申请人将所作通知、决定送达当事人的一种重要方式，在许多行政复议案件中，申请人请求给予救济的主要理由是相关通知书未邮寄送达，从而导致专利权或申请权的丧失。在此类案件中，行政复议机关需要考虑的是，申请人和被申请人提供的证据能否证明通知书完成了送达。此时被申请人需要提供大宗挂号邮件清单收据来表明相关通知书已经交邮，并且如果在邮局的邮路查询期限内，还可以进一步提供当地邮局的邮件查单来确认是否已经送达。在被申请人完成举证来证明相关通知书已经送达的情况下，此时需要申请人提供相反证据来推翻已送达的事实。对于申请人提供的反证，行政复议机关应当仔细审核内容，如果确能证明申请人未收到通知书，此时应当给予其救济的机会，但如果不能证明未送达的事实，此时就需要由申请人来承担举证不能的后果。该案中，申请人在收到《专利权终止通知书》后，本还有 2 个月请求恢复权利的时间，但其却未在期限内提出恢复权利请求，而是以未收到《缴费通知书》为由不断进行投诉，错过了恢复权利的最佳时机，导致专利权最终无法恢复，可谓得不偿失。该案也提醒了专利申请人或专利权人，在权利丧失的情况下，即使已经通过投诉、行政复议等途径来寻求救济，也应当及时办理权利恢复手续，否则可能会带来更大的损失。

（撰稿人：林冠）

缴费日应为费用从银行实际汇出的日期

——伦某不服国际申请不能进入中国国家阶段案

基本案情

伦某（以下称"申请人"）不服国家知识产权局（以下称"被申请人"）2014年7月17日作出的《国际申请不能进入中国国家阶段通知书》，向行政复议机关申请行政复议。

经查，申请人于2014年5月26日提交了《国际申请进入中国国家阶段声明（发明）》，发明名称为"从青贮豆荚植物制造蛋白质和乙醇的方法"。在该声明第22栏中要求了优先权，在先申请日为2011年9月26日。申请人委托某专利代理事务所代为办理在指定局或选定局程序中的全部专利事务。2014年5月27日，被申请人收到本申请的申请费、文印费、优先权要求费和宽限费，同日申请人通过邮件补充了完整的缴费信息，据此被申请人将申请人的缴费日确定为2014年5月27日。2014年6月9日和2014年6月12日，申请人先后两次陈述意见，称其于2014年5月26日向银行提交汇款申请，但银行因设备调试未及时汇出，并附具中国银行上海市宜山路支行2014年6月6日出具的说明，其中载明"以下汇款业务于2014/05/26向我行提出申请，因我行内部设备调试该款于2014/05/27汇出……"2014年6月24日和2014年6月26日，申请人又先后两次提交《意见陈述书》，陈述其于2014年5月26日向银行提交汇款申请，并在当月27日发给被申请人收费部门的邮件中注明了费用明细，并附具了 2014 年 5 月 27 日的国内支付业务付款回单，以及中国银行上海市宜山路支行 2014 年 6 月 19 日出具的另一份情况说明：

> 以下汇款业务汇款人于 2014 年 5 月 26 日向我行提出申请，特此说明。
>
> 汇款人名称：某专利代理事务所
>
> 汇款币种、金额：CNY2030.00
>
> 用途：PCT/SE2012/000148 申请及宽限费
>
> 收款人开户银行：中信银行北京知春路支行
>
> 收款人账号：7111710182600166032
>
> 收款人名称：中华人民共和国国家知识产权局专利局

2014 年 7 月 17 日，被申请人作出该国际申请不能进入中国国家阶段的决定，主要理由为：未在规定期限内缴纳或缴足相关费用，且当事人在 2014 年 5 月 27 日补充了完整缴费信息，缴费日应确定为 2014 年 5 月 27 日。申请人不服该决定，于 2014 年 9 月 17 日提出复议申请，请求确认缴费日为 2014 年 5 月 26 日，并撤销相应通知书。

经复议审理，行政复议机关决定维持《国际申请不能进入中国国家阶段通知书》。

焦点问题评析

该案涉及缴费日认定的问题。具体而言，主要涉及如何理解银行实际汇出日这一概念以及补充缴费信息对缴费日认定的影响这两个方面的问题。

对上述两个问题，我们认为：

（1）《专利法实施细则》第九十四条第三款规定申请人以

银行汇付方式缴纳费用的，以银行实际汇出日为缴费日。在该条款中，根据"银行实际汇出日"的含义，应将缴费日理解为相关费用从申请人办理汇款业务的银行实际汇出的日期。该案中，银行提供的汇划来账回单显示记账日期为 2014 年 5 月 27 日，在没有相反证据证明该日期并非银行实际汇出日的情况下，被申请人将其作为缴费日符合规定。虽然申请人提交了中国银行上海市宜山路支行出具的两份说明，用以证明 2014 年 5 月 26 日是费用的实际汇出日，但是这两份证明记载了申请人于该日向银行提出汇款申请，并同时记载了由于该行内部设备调试，相关费用实际于 2014 年 5 月 27 日汇出，因而被申请人将 2014 年 5 月 27 日认定为实际缴费日是正确的。此外，申请人提供的国内支付业务付款回单上记载的日期为 2014 年 5 月 27 日，这也佐证了被申请人对费用实际汇出日的认定无误。因而，依据上述证据可以确认本申请相关费用的银行实际汇出日为 2014 年 5 月 27 日。

(2)《专利法实施细则》第九十四条第二款规定："通过邮局或者银行汇付的，应当在送交国务院专利行政部门的汇单上写明正确的申请号或者专利号以及缴纳的费用名称。不符合本款规定的，视为未办理缴费手续。"《专利审查指南 2010（修订版）》第五部分第二章第 7 节规定，"费用通过邮局或者银行汇付时遗漏必要缴费信息的，……以专利局收到完整缴费信息之日为缴费日"。该案中，由中国银行上海市宜山路支行出具的说明以及国内支付业务付款回单可知，申请人 2014 年 5 月 26 日填写的缴费信息为"PCT/SE2012/000148 申请及宽限费"。此外，由某专利代理事务所向被申请人收费部门所发电子邮件可以确认，申请人于 2014 年 5 月 27 日补充了完整的缴费信息。因此，被申请人收到完整缴费信息的日期为 2014 年 5 月 27 日。

基于以上两点，可以确认该申请的申请费、文印费、优先权要求费和宽限费的缴纳日期为 2014 年 5 月 27 日。由于该申请的优先权日为 2011 年 9 月 26 日，根据《专利法实施细则》第一百零三条的规定，费用的缴纳期限为 2014 年 5 月 26 日，因此申请人未在规定期限内缴纳相关费用，根据《专利法实施细则》第一百零五条的规定，该国际申请不能进入中国国家阶段，因而 2014 年 7 月 17 日作出的《国际申请不能进入中国国家阶段通知书》是正确的，应当予以维持。

思考与启示

涉及国际申请不能进入中国阶段的复议案件多半是由当事人超期缴费引起的。根据《专利法实施细则》第一百零三条的规定，国际申请的申请人未在优先权日起 30 个月内向国务院专利行政部门办理进入中国国家阶段的手续，在缴纳宽限费后，可以在自优先权日起 32 个月内办理进入中国国家阶段的手续。从上述条款可以看出，申请人有比较宽裕的时间来办理包括缴费在内的国际申请进入中国国家阶段的手续，但我们在实践中却发现有部分外国当事人常会选择 32 个月期满前几天才办理缴费手续，这其实存在一定的风险。根据《专利法实施细则》和《专利审查指南 2010（修订版）》关于缴费形式和缴费日的规定，对于通过银行汇付方式进行的缴费，既要发生在法定的缴费期限内，还需在汇单上写明正确的申请号或者专利号以及缴纳的费用名称，二者缺一不可，如果申请人在缴费期限即将届满时因各种原因延误了缴费时间或遗漏了必要缴费信息，此时就很可能会超过办理进入国家阶段手续的期限，进而完全丧失国际申请进入中国国家阶段的机会。因为，根据《专利法实施细则》第一百零五条第二款的规定，申请人未在 32 个月内办理进入中国国家阶段手续的，是无法以因正当理由延误相关期限为由请求恢复权利的。因此，此类案件的频发也提醒申请人在办理国际申请进入中国国家阶段的手续时应当提早准备、尽早办理，这样即使出现手续上的问题还可以及时补救，以免出现因超期导致国际申请无法进入中国国家阶段的情况。

（撰稿人：林冠）

对著录项目变更申请应尽审慎审查义务

——黄某不服专利权人变更案

基本案情

黄某（以下称"申请人"）对国家知识产权局（以下称"被申请人"）2017年2月10日作出的专利权人变更《手续合格通知书》不服，向行政复议机关申请行政复议，其复议理由为：对此次专利权人变更，申请人并不知情，是被人冒名顶替变更。

经查，申请人于2014年2月17日向被申请人提出名称为"一种用于获取桩核印模的印模材料注入装置"的实用新型专利申请。在申请人提交的实用新型专利请求书中，其居民身份证件号码为"23100××××××××××433"。涉案专利于2014年7月2日授权公告。2017年1月18日，当事人向被申请人提交《著录项目变更申报书》，并附具双方签名或盖章的《专利权转让合同》，请求将专利权人由申请人变更为某新材料有限公司，在《著录项目变更申报书》中，变更前专利权人"黄某"的居民身份证件号码记载为"35032××××××××××810"。被申请人准予了此次专利权人变更请求。在复议程序中，行政复议机关向现专利权人某新材料有限公司调查情况，该公司承认2017年1月18日提交的《著录项目变更申报书》和《专利权转让合同》中的"黄某"签名非原专利权人所签。

行政复议机关基于黄某身份证信息前后不一致的事实以及现专利权人的自认，作出撤销《手续合格通知书》的决定。

焦点问题评析

该案涉及专利权转让登记的审查问题。根据《专利法》第十条第三款的规定，转让专利申请权或者专利权的，当事人应当订立书面合同，并向被申请人登记，由被申请人予以公告。专利申请权或者专利权的转让自登记之日起生效。同时，《专利审查指南2010（修订版）》第一部分第一章第6.7节规定，申请人（或专利权人）因权利的转让发生权利转移提出变更请求的，应提交载明双方信息的著录项目变更申报书，同时提交双方签字或者盖章的书面合同。因此，被申请人对相关权利转让申请进行的是书面审查，即基于当事人提交的书面材料来判断该转让是否有相应的事实基础，从而作出准予或不予转让登记的决定。

该案中，当事人请求变更专利权人时提交了《著录项目变更申报书》和《专利权转让合同》这两份材料。对于这两份材料，应该重点审查申报书和合同中所记载的当事人信息、关于转让内容的约定以及当事人的签字或盖章，从而确定转让方是否有权处分该专利权以及转让行为是否是当事人的真实意思表示。但是经行政复议机关核实，该案《著录项目变更申报书》中所记载的原专利权人"黄某"的居民身份证件号码与原专利权人申请专利时提供的身份证信息并不一致，因此转让方的身份存在疑问，需要对此作进一步核实。随后，行政复议机关将现专利权人追加为第三人，向其就《专利权转让合同》的签订以及向审查部门提交变更材料的具体情况进行深入调查。最终，现专利权人某新材料有限公司承认《著录项目变更申报书》和《专利权转让合同》中的"黄某"签名非原专利权人黄某本人所签，而是由办事人员代为签署。此外，现专利权人某新材料有限公司还表示本次专利权转让其实是一个"乌龙事件"，其本意是想将与原专利权人同名但身份证号不同的黄某名下专利转移至公司名下，但由于办事人员工作失误，错将该案专利进行了专利权转让登记。鉴于已查明的事实，《著录项目变更申报书》和《专利权转让合同》中的"黄某"签名系他人冒名所签，并《著录项目变更申报书》中记载的"黄某"身份信息也可证明转让方并不适格，因此被复议的变更《手续合格通知书》缺乏事实依据，依法应予撤销。

思考与启示

虽然该案的专利权人通过行政复议程序追回了原本属于他的权利，但是该案件反映了著录项目变更手续审批中一个更深层次的问题，那就是如何确定审查部门的审慎审查义务。

2010年起，专利著录项目变更手续的审查量每年都有几十万件，面对当事人办理手续时提交的海量文件，为了提高审查效率，审查部门通常采用表面证据规则进行形式审查，即仅审查当事人提交的文件是否齐全，填写是否规范完整，签字或者盖章是否缺少等。审查部门对著录项目变更手续文件仅作形式审查还有另一个原因，那就是实践中审查员没有手段和途径来甄别证明文件中签章的真伪，无法判断变更是否为当事人真实的意思表示。由于审查部门无法对证明文件的真实性和合法性作更为实质的审查，这也给著录项目变更手续的审批带来一定的风险，导致在行政复议和行政诉讼案件中此类行政纠纷占了相当大的比例，其中有部分案件因存在申请材料和证明文件不真实的情况而被复议机关或司法机关撤销。有观点认为，行政机关对申请人提交的有关申请材料和证明文件是否齐全，申请材料和证明文件及其所记载的事项是否符合有关法律法规的规定进行审查。这一观点本身并无不当，而且提交文件不真实的后果通常应由提交人承担，但这并不意味着免除了行政机关的所有责任，行政机关是否担责还得看其是否履行了应尽的审查义务和法律所规定的注意义务。以该案为例，专利权人黄某在提交专利申请时就已经进行了身份证号登记，审查部门在对专利权变更申请进行审批时，理应要核对转让人的身份证信息，如果前后不一致就意味着其不具有转让专利权的主体资格，该变更申请不应予以批准。该案也提示审查部门在对著录项目变更手续进行审批时，可以通过加强对当事人主体资格的审查来判断变更行为是否为当事人真实意思表示，这能在一定程度上遏制虚假证明文件的提交，从而降低著录项目变更手续形式审查所带来的法律风险。

（撰稿人：林冠）

专利电子申请中电子签名法律效力的认定

——某科技股份有限公司不服不予认定分案申请案

基本案情

某科技股份有限公司（以下称"申请人"）对国家知识产权局（以下称"被申请人"）2013 年 3 月 19 日作出的《专利申请受理通知书》不服，向行政复议机关申请行政复议。

经查，申请人通过电子申请系统向被申请人提出名称为"储存装置的储存介质重组方法"的发明专利申请。2013 年 3 月 19日，被申请人发出《专利申请受理通知书》，告知申请人所确定的申请日和申请号。2013 年 5 月 24 日，申请人向被申请人提交《意见陈述书》，称涉案专利申请为分案申请，但是申请人在向被申请人提交电子请求书时未写明母案的申请号和申请日，导致《专利申请受理通知书》未将该申请按照分案申请进行处理。申请人提出行政复议申请的主要理由是其在提交原始案件的说明书的首页首行明确记载母案的申请日、申请号，在制作纸件请求书时也在分案申请一栏中明确记载了母案的申请日、申请号，但在向被申请人提交电子请求书时因操作有误差，请求书中没有显示母案的申请号和申请日，导致本案未按照分案申请处理，并且申请人还对电子申请系统的可靠性提出了质疑。

行政复议机关经审理认为，经调取涉案电子申请的原始数据包显示，请求书的分案申请一栏未填写任何信息，因此按照一般专利申请受理；虽然说明书中写明了原申请的相关信息，但是说明书的作用是对技术方案的描述，而作为表达申请人请求授予专利权愿望的专利申请请求书中却没有填写分案申请的相关信息，因此只能按照一般专利申请受理该申请。

焦点问题评析

涉案专利为电子申请，申请人在行政复议以及后续行政诉讼中对被申请人的电子申请系统提出了质疑，其认为涉案专利之所以成为普通申请，是由于电子格式的请求书在传输时，可能受到各种意外原因或者人为修改，导致数据丢失，申请人在起诉时还提交了一份请求书作为证据，该文本在分案申请一栏填写了母案信息。但是，被申请人通过调取涉案电子申请的原始数据包显示，请求书的分案申请一栏未填写任何信息，根据规定涉案申请不能作为分案申请受理。因此该案的一个焦点问题在于，如何确认一份具备真实性、完整性和不可否认性的电子申请文件。

电子申请与传统纸质申请不同之处在于，当事人是通过电子申请系统提出专利申请，并且在提交申请时需要进行电子签名。因此，如果要对被申请人收到电子文件的真实性、完整性和不可否认性进行认定，还需要先确认电子签名的法律效力。而根据《中华人民共和国电子签名法》（以下简称《电子签名法》）第三条第二款规定，"当事人约定使用电子签名、数据电文的文书，不得仅因为其采用电子签名、数据电文的形式而否定其法律效力"。该案中，申请人委托的专利代理机构与被申请人已经事先签订了《专利电子申请系统用户注册协议》，约定使用电子签名的形式提交相关申请，该协议中也注明了相关电子申请及电子签名的法律效力。因而，申请人应当已经知悉相关电子申请及电子签名的法律效力。为确认电子签名的可靠性，行政复议机关调取了电子认证服务提供者的《电子认证服务许可证》等相关资质证明文件、技术服务商提供的涉案申请请求书的 xml 格式原始数据文件及技术说明等，这些证明材料符合《电子签名法》的相关规定，应推定相关电子签名符合法定要求，具有法定的证明力。而申请人提交的作为该案证据的请求书，是其专利代理机构在提交申请前，相关主管人员在审核过程中自行留存，而且审核之后还需要专利代理机构的其他工作人员在其计算机客户端进一步操作之后才能发出，故并不足以证明该请求书与其向被申请人提交的请求书内容一致，不能推翻行政复议机关调取证据所证明的事实。至于申请人主张相关电子申请系统不完善，有可能基于各种意外原因发生数据丢失或者人为修改等，上述主张缺乏事实依据，不足以采信。综上，根据行政复议机关调取的证据，可以确认被申请人收到的涉案申请请求书中并未填写母案的申请号和申请日。

该案还涉及另一个问题，那就是当一件专利申请仅在说明书中写明分案信息，而未在请求书中注明时，该申请能否作为分案申请。《专利法》第二十六条规定，"申请发明或者实用新型专利的，应当提交请求书、说明书及其摘要和权利要求书等文件。请求书应当写明发明或者实用新型的名称，发明人的姓名，申请人姓名或者名称、地址，以及其他事项。说明书应当对发明或者实用新型作出清楚、完整的说明，以所属技术领域的技术人员能够实现为准"。根据上述规定，请求书和说明书在专利申请中的法律作用不同，前者用以表达专利申请的相关事项，而后者是对该发明的技术方案进行完整清楚的描述。因此，在专利申请请求书没有明确要求作为分案申请的情况下，说明书并不构成能够证明申请人提出分案申请的事实依据。

■ 思考与启示

作为被申请人电子政务的一个重要组成部分，专利电子申请近年来实现了跨越式发展。电子申请在方便当事人的同时，由于其提交形式的特殊性，也不可避免地产生一些新问题。申请人因自身操作失误导致其提交的电子申请出现问题时，可能会将其归罪于电子申请系统，并质疑电子申请的法律效力。鉴于此，笔者建议一方面可以在相关法律法规的修订中增加对于电子申请以及所接收电子文件法律效力的规定，另一方面也可以根据专利电子申请系统用户在使用过程中出现的问题对系统进行不断完善，例如，在申请人提交专利电子申请时增加关键选项的提示，从而防止申请人漏填重要信息。

（撰稿人：林冠）

错缴办登费用不构成延误分案期限的理由

——韩国某科学研究院不服分案申请视为未提出案

基本案情

韩国某科学研究院（以下称"申请人"）对国家知识产权局（以下称"被申请人"）2017 年 3 月 3 日作出的《视为未提出通知书》不服，向行政复议机关申请行政复议。

经查，申请人于 2012 年 4 月 20 日向被申请人提出名称为"硬质涂层及其形成方法"的发明专利申请。经审查，被申请人于 2016 年 10 月 27 日发出《授予发明专利权通知书》，同时发出《办理登记手续通知书》告知申请人根据相关规定办理登记手续的期限为 2017 年 1 月 11 日。2017 年 1 月 11 日，申请人办理登记手续。2017 年 2 月 23 日，申请人向被申请人提交《恢复权利请求书》，请求恢复提出分案申请的权利。2017 年 3 月 1 日，被申请人公告授予专利权。2017 年 3 月 3 日，被申请人发出《视为未提出通知书》，理由为本专利无须办理恢复权利手续。申请人的复议理由为：申请人在办登期限到期日误缴了授权办登费，专利局缴费系统不能撤销该错误缴费，导致申请人不能延后本专利授权，同时不能在后期通过视撤而恢复提交分案的权利。

经复议审理，行政复议机关作出维持《视为未提出通知书》的决定。

焦点问题评析

该案的实质焦点在于：错缴办登费用是否构成延误分案期限的理由。

（1）被申请人于 2016 年 10 月 27 日发出《授予发明专利权通知书》以及《办理登记手续通知书》，申请人于 2017 年 1 月 11 日办理登记手续，根据《专利法实施细则》第五十四条第一款的规定，被申请人于 2017 年 3 月 1 日对本申请授予专利权，颁发专利证书，并予以公告，该申请不存在权利丧失的情形。因此对于申请人 2017 年 2 月 23 日提交的《恢复权利请求书》，被申请人发出《视为未提出通知书》，符合法律规定。

（2）申请人提出的"误缴了授权办登费"的复议理由无法律依据。被申请人于 2016 年 10 月 27 日发出《办理登记手续通知书》，明确告知申请人办理登记手续的期限为 2017 年 1 月 11 日。申请人在 2017 年 1 月 11 日足额缴纳了专利登记费，该缴费符合《专利法实施细则》第五十四条第一款的规定，属于应缴费用，不属于《专利法实施细则》第九十四条第四款规定的多缴、重缴、错缴的情形，而且根据《专利审查指南 2010（修订版）》第五部分第二章第 4.2.2.1 节的规定，退款请求应当书面提出，被申请人至复议审理结束未收到申请人的书面退款请求。

（3）被申请人于 2016 年 10 月 27 日发出《授予发明专利权通知书》以及《办理登记手续通知书》，根据《专利法实施细则》第四十二条第一款的规定，申请人应当在《专利法实施细则》第五十四条第一款规定的期限届满前即 2017 年 1 月 11 日前向被申请人提出分案申请。申请人具有充分的时间决定是否提出分案申请，但申请人在期限届满前未提出分案申请，这是申请人的自主决定。根据《专利审查指南 2010（修订版）》第一部分

第一章第5.1.1节的规定，期限届满后一般不得再提出分案申请。

思考与启示

专利申请行为是一种民事法律行为，需要行为人履行必要的审慎义务，而行为人所实施的提出专利申请、答复、缴费等意思表示均属于民事法律行为，行为人理应具备预见其行为后果的能力，并应自行承担其行为后果。作为具备民事行为能力者，该案中的申请人应当对自己缴纳授权办登费的后果负责，其在事后以误缴为由请求恢复提出分案申请的权利也违反了诚实信用原则。

（撰稿人：李然）

因支付宝缴费导致的权利丧失不可恢复

——赵某不服不予恢复复审请求权案

▌基本案情

赵某（以下称"申请人"）对国家知识产权局（以下称"被申请人"）2017 年 4 月 6 日作出的《恢复权利请求审批通知书》不服，向行政复议机关提出行政复议申请。

经查，申请人于 2013 年 1 月 15 日向被申请人提出名称为"磁动力系统"的发明专利申请。经审查，被申请人于 2016 年 7 月 19 日发出驳回决定。2016 年 9 月 11 日，申请人提交了复审请求书，并以支付宝转账形式向被申请人哈尔滨代办处缴纳复审费。2016 年 10 月 11 日，被申请人哈尔滨代办处将该复审费退回，原因为：收到的银行回单中未体现具体的申请号或专利号。2016 年 12 月 20 日，被申请人发出《复审请求视为未提出通知书》，理由为，申请人未在《专利法实施细则》规定的期限内缴纳复审费。2017 年 2 月 19 日，申请人再次通过支付宝转账向被申请人哈尔滨代办处缴纳恢复权利请求费，并提交复审程序《恢复权利请求书》。2017 年 3 月 3 日，被申请人哈尔滨代办处将该恢复权利请求费退回，原因为，收到的银行回单中未体现具体的申请号或专利号。2017 年 4 月 6 日，被申请人发出《恢复权利请求审批通知书》，不同意恢复权利，理由为，在期限届满前未收到恢复权利请求费。申请人复议理由为，申请人按照电话咨询被申请人告知的金额缴费，但实际未缴足复审费，导致申请人的复审请求视为未提出；申请人于 2017 年 2 月 19 日通过支付宝向被申请人哈尔滨代办处缴纳恢复权利请求费，因疏忽未在缴纳恢复权利请求费时备注缴费人姓名，而被申请人在 2017 年 3 月 8 日退款，复审程序恢复权利的截止日期为 2017 年 3 月 5 日，退款日期超过截止日期，导致申请人不能补救。

经复议审理，行政复议机关作出维持《恢复权利请求审批通知书》的决定。申请人不服该行政复议决定，向北京知识产权法院起诉，法院一审判决驳回申请人的诉讼请求。

焦点问题评析

该案的实质焦点是通过支付宝缴费的必要信息丢失是否应予救济。

（1）《复审请求视为未提出通知书》的发出日为 2016 年 12 月 20 日，根据《专利法实施细则》第四条第二款的规定，该通知书的推定收到日为 2017 年 1 月 4 日，根据《专利审查指南 2010（修订版）》第五部分第二章第 1 节的规定，缴纳恢复权利请求费的期限届满日为 2017 年 3 月 6 日（2017 年 3 月 4 日为周六）。2017 年 2 月 19 日，申请人通过支付宝转账向被申请人哈尔滨代办处缴纳 1000 元恢复权利请求费，由于支付宝转账的转账说明信息未体现在被申请人收到的银行回单中，银行回单缺少具体的申请号或专利号，同时申请人通过支付宝支付费用的缴费方式不属于《国家知识产权局专利局代办处专利费用收缴工作规程》中规定的被申请人代办处可接受的缴费方式，根据《专利法实施细则》第九十四条的规定，该情形视为未办理缴费手续。被申请人哈尔滨代办处于 2017 年 3 月 3 日即缴纳恢复权利请求费的期限届满日之前将该缴费退回，此后在缴费期限届满之前，申请人未完成费用缴纳。因此对于申请人的恢复权利请求，被申请人发出不同意恢复的《恢复权利请求审批通知书》，符合法律规定。

（2）支付宝缴费不属于法定的缴费方式，也不属于被申请人认可的缴费方式，被申请人已尽告知义务。关于缴费方式和缴费日的确定，根据《专利法实施细则》第九十四条第一款的规定，缴纳各种费用的方式除直接向被申请人面缴，还包括通过邮局或者银行汇付，或者被申请人规定的其他方式缴纳。此外，《国家知识产权局专利局代办处专利费用收缴工作规程》规定了通过代办处缴纳费用的方式，该规定列明了通过代办处缴费的具体方式，即代办处可接收银行、邮局汇寄或直接缴纳的专利费用。根据前述规定，申请人采用的支付宝转账的缴费方式并不属于法定的缴费方式，也不属于被申请人认可的缴费方式。另外，被申请人已在2016年12月20日发出的《复审请求视为未提出通知书》中明确告知被申请人可接受的缴费方式和具体要求，被申请人已充分履行告知义务。

（3）在被申请人已明确告知缴费方式的情形下，申请人应当严格按照前述告知的经认可的缴费方式进行缴费，但申请人擅自采用其他缴费方式，导致必要缴费信息丢失，由此带来的不利后果应由其自行承当。

思考与启示

鉴于支付宝、微信支付等缴费方式越来越普遍，对于通过支付宝等被申请人未开通的支付方式缴费的，建议根据具体情形处理。如申请人已在转账说明信息中备注必需的缴费信息如申请号或专利号、费用名称（或简称）等，且被申请人收到的银行回单中能够体现上述信息，则被申请人可正常处理该缴费，这也符合"高效便民"的行政原则。如在转账过程中，申请人

备注的信息遗失，被申请人无法获知必需的缴费信息，则根据
《专利法实施细则》第九十四条的规定，该情形视为未办理缴
费手续。

（撰稿人：李然）

对著录事项变更证明材料的关联性审查

——某股份公司不服著录项目变更视为未提出案

基本案情

某股份公司（以下称"申请人"）对国家知识产权局（以下称"被申请人"）2017 年 8 月 1 日作出的著录项目变更请求《视为未提出通知书》不服，向行政复议机关申请行政复议。

经查，某科技有限公司于 2015 年 3 月 30 日向被申请人提出名称为"一种同时测定锆及锆合金中铍钾含量的方法"的发明专利申请。2017 年 6 月 16 日，申请人向被申请人提交著录项目变更申报书，请求对专利申请人、发明人、专利代理机构、代理人进行变更，其中请求将发明人由惠某、李某、周某、焦某、石某、田某、张某、袁某变更为李某某、汪某、党某，并附陕西省高级人民法院（2016）陕民终×××号民事判决书和最高人民法院（2016）最高法民申××××号民事裁定书作为著录项目变更理由的证明。2017 年 8 月 1 日，被申请人针对前述变更请求发出《视为未提出通知书》，理由是：缺少发明人变更的证明文件；因漏填或者错填发明人提出变更请求的，应当提交由全体申请人（或专利权人）和变更前全体发明人签字或者盖章的证明文件。申请人的复议理由为：对发明人进行变更的请求具有生效司法判决的支持；在已有生效司法判决支持的情况下，变更发明人不但具有法律依据，而且更符合效率原则。同时，申请人出具李某某、汪某、党某对涉案发明创造的实质性特点做出创造性贡献的书面说明。

经复议审理，行政复议机关作出维持《视为未提出通知书》的决定。

焦点问题评析

该案的实质焦点在于：发明人变更的证据证明力判断。

根据《专利法实施细则》第十三条的规定，发明人是指对发明创造的实质性特点做出创造性贡献的人。因此在涉及发明人资格纠纷时，需要证明当事人对发明创造做出创造性的贡献。该案中，申请人提交的证据共有三份，其中两份为 2017 年 6 月 16 日已向被申请人提交的陕西省高级人民法院（2016）陕民终×××号民事判决书和最高人民法院（2016）最高法民申××××号民事裁定书，一份为申请人在提出行政复议申请时提交的由申请人出具的声明。上述两份司法文书认定某科技有限公司侵犯了申请人的商业秘密，该商业秘密与涉案专利的技术方案实质相同，但是前述两份司法文书仅涉及专利申请人资格，均未对发明人的资格进行认定，该司法文书与发明人变更不具有关联性。申请人出具的书面声明，也只是对于发明人资格的结论性陈述，其本质是需要证明的结论，而非证明所列人员对涉案发明创造的实质性特点做出创造性贡献的直接证据。因此，行政复议机关作出了维持前述《视为未提出通知书》的复议结论。

专利申请人、专利权人、专利发明人属于不同的概念，其中专利申请人与专利权人具有一定的一致性，专利申请人提出的专利申请获得批准后，该专利申请人就成为专利权人，专利申请人或专利权人可以为个人和单位，拥有专利的独占权、许可权、转让权，而发明人只能是个人不能是单位，享有获得奖励、报酬的权利和署名的权利。尽管可通过转让或法院的生效判决等方式变更专利申请人或专利权人，但是财产权利的转移并不能当然剥夺原发明人的资格，原发明人的署名权属于人身权，其并不随着财产权的转移而当然地发生转移。该案中原发明人惠某为申请人的前员工，根据申请人提交的司法文书，惠某曾实际接触涉案发明创造的技术内容，而袁某先后担任申请人的总工程师、副总经理、总经理职务，申请人提交的证据并不能排除二人对涉案发明创造做出过创造性贡献的可能。

思考与启示

对于当事人提交的证据，应当审查证据的关联性。证据的关联性就是证据必须与案件待证事实之间存在一定的联系。结合当事人提出该证据的证明目的，考察该证明目的是否指向该案的待证事实。具体到发明人变更的证据，根据《专利法实施细则》第十三条规定，应当证明变更后的发明人是对发明创造的实质性特点做出创造性贡献的人。如果证据是法院的生效判决，其应当针对纠纷对发明人资格作出清晰、明确的认定。

（撰稿人：李然）

发明专利授权后更正的具体标准判断

——丁某不服授予发明专利权通知书更正案

基本案情

涉案专利的无效请求人丁某（以下称"复议申请人"）对国家知识产权局（以下称"被申请人"）2017 年 9 月 18 日作出的《授予发明专利权通知书更正通知书》不服，向行政复议机关申请行政复议。

经查，杨某和王某（以下称"专利申请人"）于 2004 年 8 月 13 日向被申请人提交名称为"一种从文冠果壳和柄中提取的化合物及提取方法和应用"的发明专利申请。原始申请文件的说明书共 9 页，其中第 9 页表 5 "文冠果壳苷核磁数据归属表"有 30 行数据。2004 年 10 月 29 日，被申请人发出《补正通知书》，通知专利申请人说明书附图存在缺陷，需要补正。2004 年 12 月 1 日，专利申请人提交了说明书全文替换页第 1~9 页以及修改后的说明书附图。2005 年 9 月 30 日，经实质审查，被申请人发出《第一次审查意见通知书》，指出 2004 年 12 月 1 日提交的说明书附图和说明书第 6 页、第 7 页以及表 5 的修改超出原说明书和权利要求书的范围。2005 年 11 月 5 日，专利申请人提交修改后的说明书第 2~8 页，以替换 2004 年 12 月 1 日提交的说明书第 2~9 页。2006 年 3 月 10 日，被申请人发出《第二次审查意见通知书》，指出专利申请人新提交的说明书中"表 5 中的 No30"的修改超出了原说明书和权利要求书的范围，应当删除。2006年3月31日，专利申请人提交了说明书第8页的修改替换页，将表5中的No30数据删除。2006年8月11日，被申请人发出《授予发明专利权通知书》，通知书确认的说明书授权文本为2004年12月1日提交的说明书第1页、2005年11月5日提交的说明书第2~7页、2006年3月31日提交的说明书第8页。2017年6月30日，专利申请人向被申请人提交《意见陈述书》，称原始申请文件的说明书表5中含有30个数据，但授权文本中缺少第30个数据，请求给予更正。2017年9月18日，被申请人作出《授予发明专利权通知书更正通知书》，根据现行《专利法实施细则》第五十八条的规定，对被申请人2006年8月11日发出的《授予发明专利权通知书》所确认的文本进行更正，将2006年3月31日提交的说明书第8页更正为2005年11月5日提交的说明书第8页。复议申请人对《授予发明专利权通知书更正通知书》不服，其复议称2006年8月11日发出的《授予发明专利权通知书》不存在错误，被申请人对此作出的更正违法。

经复议审理，行政复议机关作出维持《授予发明专利权通知书更正通知书》的决定。

焦点问题评析

该案的实质焦点在于：发明专利授权后更正的范围。

（1）该案中原行政行为适用法律不当。原行政行为在判断是否应该对《授予发明专利权通知书》进行更正时，适用的法律依据是《专利法实施细则（2010）》第五十八条。涉案专利的申请日为2004年8月13日，根据国家知识产权局《施行修改后的专利法实施细则的过渡办法》（局令第54号）第二条的规定，应该适用《专利法实施细则（2002）》的规定。《专利法实施细则

（2002）》中与《专利法实施细则（2010）》第五十八条对应的条款是第五十七条。我们认为，《专利法实施细则（2002）》第五十七条规定中的更正指的是对专利公告、专利文件中出现的错误的更正，该案中，专利公告、专利文件的内容与《授予发明专利权通知书》确定的内容一致，并不存在错误。并且，原行政行为是对《授予发明专利权通知书》的更正，并非是对专利公告、专利文件中出现的错误的更正。因此，适用《专利法实施细则（2002）》第五十七条规定对《授予发明专利权通知书》作出更正亦不妥当。

但是，根据《专利法（2000）》第三十三条的规定，申请人在申请日提交的原说明书和权利要求书记载的范围，是审查专利申请文件的修改是否超范围的依据。该案中，涉案专利的原始申请文件在说明书表5中记载了第30行（No30）数据，专利申请人于2005年11月5日提交的说明书第8页表5中的No30数据也与之相符，因此不存在修改超范围的问题。在专利审查授权阶段，尽管授权文本系专利申请人提交，但是专利申请人是根据被申请人《第二次审查意见通知书》的意见提交的修改文本。被申请人在《第二次审查意见通知书》中以"表5中的No30"修改超范围为由要求专利申请人将其删除，该审查意见明显错误。此后，被申请人在对专利申请人提交的修改文本进行审查的过程中，也没有发现该错误，从而在《授予发明专利权通知书》中出现了将2006年3月31日提交的删除了"表5中的No30"的说明书第8页确定为授权文本的错误。

考虑到《授予发明专利权通知书》在文本认定上确有明显错误，而该错误的产生与被申请人在审查过程中的错误意见有关，不予更正将很有可能导致专利权的丧失，并且专利权人亦无其他渠道获得救济，对专利权人明显不公平，故被申请人在原行政行为中本着有错必纠的精神给予行政救济，对《授予发明专利权通知书》中错误认定的文本进行更正并无不妥。

思考与启示

　　行政复议的审查范围既包括审查具体行政行为的合法性，还包括审查其合理性。该案中，审查员关于某项数据超出了原始说明书和权利要求书的范围的判断属于明显错误判断，该错误判断与新颖性、创造性判断等需要付出创造性劳动的判断不同，属于明显的可以根据原说明书直接毫无疑义确定的错误。专利申请人的答复是基于被申请人的明显错误，答复时间与纸件原始说明书的提交时间间隔较长，存在申请人答复时无法确认原始说明书内容的可能，且涉案发明属于化合物发明，不予更正将导致发明因公开不充分而丧失专利权，这违反行政比例原则，亦明显不合理。

（撰稿人：李然）

因正当理由超过行政复议期限的应予救济

——青州某公司不服专利权终止案

基本案情

青州某公司（以下称"申请人"）对国家知识产权局（以下称"被申请人"）2017 年 6 月 12 日作出的《专利权终止通知书》不服，于 2017 年 10 月 25 日向行政复议机关提交行政复议申请。

经查，刘某于 2006 年 10 月 6 日向被申请人提出名称为"蒲公英绿茶的生产方法"的发明专利申请。被申请人于 2011 年 7 月 6 日对上述专利申请作出授权公告。2015 年 5 月 26 日，专利权人由刘某变更为申请人。2016 年 11 月 11 日，被申请人发出《缴费通知书》，告知：专利权人最迟应于 2017 年 4 月 6 日之前补缴第 11 年度的年费 4000 元和滞纳金。由于在规定期限内未收到费用，被申请人于 2017 年 6 月 12 日发出《专利权终止通知书》。申请人复议主要理由为：其在 2016 年 12 月 6 日已向被申请人转款 8600 元，且有备注专利申请号，但因为银行间信息传送的缘故，导致信息遗漏；因申请人内部财务人员处于交接阶段，且每天汇款账目繁多，申请人未注意到被申请人的退款；因公司搬迁，申请人未收到被申请人发出的《专利权终止通知书》。申请人在复议期间提交了银行转账底单，其上载明用途为"专利滞纳金"及涉案专利号，还有某物业管理公司出具的申请人"于

2017 年 2 月 16 日搬至青州市新亚财富广场"的证明，以及山东青州农村商业银行出具的"因为银行间费用传送的缘故导致有信息遗漏"的证明。

经行政复议机构核查，被申请人 2016 年 12 月 6 日收到转账 8600 元，但由于缴费信息缺乏具体的申请号或专利号，被申请人于 2016 年 12 月 13 日将该 8600 元退回。最终行政复议机关作出撤销《专利权终止通知书》的决定。

焦点问题评析

该案的实质焦点在于：复议申请的提出时间是否超出法定期限，是否应予救济。

（1）当事人于 2016 年 12 月 6 日通过山东青州农村商业银行向被申请人转款 8600 元，且有备注专利申请号，当事人的缴费时间、金额、备注的申请号均符合《缴费通知书》和《专利法实施细则》第九十四条第二款的规定，当事人已尽到缴费的义务。但因为银行间信息传送的缘故，导致缴费被退款。后当事人公司搬迁，导致未收到被申请人发出的《专利权终止通知书》。在此过程中，当事人缴费并无过错，无法预知被申请人会发出《专利权终止通知书》，且公司搬迁也属于正常的生产经营活动。当事人提起行政复议申请的期限，适用《行政复议法》第九条规定的"自知道该具体行政行为之日起 60 日内"。因此，对于当事人的行政复议申请，应当予以受理。

（2）银行出具证明和转账底单表明缴费信息（费用名称和专利号）的丢失是由于跨行转账造成的，即该案是由于银行原因造成申请人缴纳的费用被退款。虽然当事人尚未重新缴纳已被退回的款项，这与《专利审查指南 2010（修订版）》第五部分第二章第 4.2.4.1 节规定的情形不完全一致，但是考虑到《专利审查指南 2010（修订版）》作出上述规定的本意在于因银行的错误造成的损失不应让相对人承担，因此《专利权终止通知书》应予撤销。

（3）当事人的缴费被退回，此后在缴费期限届满之前，当事人也未完成费用缴纳，故被申请人作出《专利权终止通知书》并无不妥。但鉴于申请人在复议期间提交了新证据，新证据可证明缴费信息（费用名称和专利号）丢失是银行方面造成的，当事人未收到《专利权终止通知书》有正当理由，由其承担专利权因未缴费而终止的责任有失公允。因此，在当事人于复议期间提交的新证据的基础上，本着公平、公正的原则，行政复议机关对其予以救济。

思考与启示

该案中，当事人积极通过行政复议维护自己的合法权益，在复议期间提交了新证据，挽回了损失。这说明社会法制意识逐渐增强，法制建设成效显著，当事人认可并且愿意通过行政复议维护自己的合法权益。但在实践中，为了避免意外发生，申请人应对自己的专利申请或专利权尽到审慎义务，如果自身情况发生变化，尤其是联系方式或通信地址变化时，应将自身的变化情况及时通知被申请人，保证能正常接收被申请人发出的通知书。

（撰稿人：李然）

不丧失新颖性规定中全国性学术团体的认定

——北京某公司不服视为未要求不丧失新颖性宽限期案

北京某公司（以下称"申请人"）对国家知识产权局（以下称"被申请人"）作出的《视为未要求不丧失新颖性宽限期通知书》不服，于 2017 年 12 月 29 日向行政复议机关申请行政复议。

经查，申请人于 2017 年 8 月 16 日向被申请人提出名称为"样本分析设备、样本孵育装置及其控制方法"的发明专利申请，同时提出不丧失新颖性宽限期声明，理由为：已在规定的学术会议首次发表。后申请人主动补交中国医师协会出具的证明文件作为不丧失新颖性的证明，其上均载明：北京某公司此次申请专利的血凝产品 ExC810 于 2017.06.15—2017.06.17 日在西安曲江国际会议中心"第十二届全国检验与临床学术会议"活动中展出，展示了产品外观，并在会议相关资料中进行产品宣传。后被申请人发出《视为未要求不丧失新颖性宽限期通知书》，理由为：该会议不属于《专利法实施细则》第三十条规定的学术会议或者技术会议，中国医师协会不是全国性学术团体，因此该会议不是由全国性学术团体组织的，不属于已在规定的学术会议或者技术会议上首次发表的情况。申请人的复议理由为：开展学术活动是中国医师协会业务范围及其职能的一部分，开展学术交流是每年年会的重要内容，2017 年的会议理应属于《专利法实施细则》第三十条规定的学术会议，正因为如此，申请人才会在此次会议上展出其新研制的血凝仪 ExC810 的产品外观。提出复议申请时，申请人还提交了中国医师协会章程、2017 中国医师协会检验医师年会暨第十二届全国检验与临床学术会议通知、2017 中国医师协会检验医师年会暨第十二届全国检验与临床学术会议征文通知。

在复议程序中，被申请人主动撤销了前述《视为未要求不丧失新颖性宽限期通知书》。申请人遂撤回了行政复议申请，本案终止审理。

焦点问题评析

该案的实质焦点在于：新颖性宽限期中举办学术会议的"全国性学术团体"的判断标准。

《专利法实施细则》和《专利审查指南 2010（修订版）》对于"全国性学术团体组织召开的学术会议或者技术会议"并无明确的定义。考虑到发明创造的内容是申请人自己在相关会议上发表，在后续的审查过程中，申请人的上述公开行为会导致其丧失新颖性，所以需要根据具体案情对举办会议的学术团体是否属于符合新颖性宽限期规定的"全国性学术团体"进行仔细研判，不宜一律从严。

实际操作中，对于在中国科学技术协会官网中的全国学会列表中的团体，可初步认定为全国性学术团体，除非存在其章程中载明的业务范围不含学术活动的内容等证据。对于没有在其中的社会团体，是否"全国性"以及是否"学术团体"应综合考虑，可通过查询是否在民政部主办的中国社会组织网登记及登记内容进行判断，另外还可从其团体章程来判断，判断时在其业务范围中记载有可以从事学术活动的内容即可，而无须要求其主要业务是学术活动。

该案中，从其章程和我们了解的情况来看，中国医师协会是卫生部主管、民政部登记的全国性、行业性、非营利性社会组织，由执业医师、医疗、科研等企事业单位和与医师相关的社会团体结成，其业务范围中包括"推广医药新技术、新成果，……促进医学科技成果的转化和普及""开展与国际和港澳台地区的医学交流与合作，学习借鉴先进的医师行业管理经验和医疗服务经验"的内容，故宜认定为专利法意义上的全国性学术团体。从其会议来看，名称是"2017中国医师协会检验医师年会暨第十二届全国检验与临床学术会议"，会前有会议征文通知，会议资料中有产品宣传以及产品实物展示，故宜认定为专利法意义上的学术会议。

思考与启示

及早发表研究成果有利于研究开发成果的传播和利用，对科学技术和文化艺术的发展有推动促进作用，应当受到鼓励而不是限制，这也是《专利法》第二十四条关于新颖性宽限期的立法本意之一。但实践中，各种学术会议层出不穷，会议的举办方五花八门，为了防止因发明创造公开发表而丧失新颖性不能取得专利权，一方面申请人在参加学术会议对其研究成果进行发布时应尽审慎义务，注意学术会议和举办方的级别，另一方面审查员也应慎重判断，充分了解行业内的学术团体及学术会议情况，谨慎作出决定。

（撰稿人：李然）

虚假变更的多部门联动处理机制

——刘某某不服专利权人变更案

基本案情

刘某某（以下称"申请人"）对国家知识产权局（以下称"被申请人"）2018 年 5 月 28 日作出的著录项目变更《手续合格通知书》不服，于 2018 年 7 月 23 日向行政复议机关提出行政复议申请。

经查，2018 年 5 月 21 日，某能源科技有限公司向被申请人提交著录项目变更申报书、著录项目变更理由证明、专利代理委托书等文件，请求将涉案专利的专利权人由申请人变更为某能源科技有限公司，并委托某专利事务所代为办理全部专利事务。2018 年 5 月 28 日，被申请人发出《手续合格通知书》，同意上述变更。申请人的主要复议理由为：其对专利权人的变更毫不知情。专利转让协议系伪造，并非由申请人本人签字。

经协调处理，被申请人于 2018 年 9 月 21 日发出《修改更正通知书》，撤销了上述《手续合格通知书》，恢复变更专利权人为原专利权人刘某某，申请人遂撤回行政复议申请，本案终止审理。2018 年 9 月 29 日，行政复议机关将案件情况通报专利代理管理部门。

焦点问题评析

该案的焦点问题在于：涉案专利权人变更是否为虚假变更。

虚假变更是指申报人或专利代理机构、公证机构等有关机构以非法占有为目的，故意向被申请人提交虚假的著录项目变更证明文件（包括但不限于转让合同、赠与合同、权利转移协议书、公证书等），办理专利申请人（或专利权人）变更手续。

被申请人对于法律手续文件中证明文件的审查，采用形式审查和表面证据原则，重审查效率，通常无法判断或不易判断证明文件中签字或者盖章的真伪。近年来，因虚假变更提出的行政复议和行政诉讼案件呈多发态势。虽然与整个变更量相比，所占比例很小（年约万分之一），但对被申请人造成的负面影响不容小觑。

在该案行政复议期间，被申请人于2018年8月9日发出《审查业务专用函》（收件人为某专利事务所），要求某能源科技有限公司在规定期限内提交《专利权转让证明》纸件原件。

通过书面和口头（电话）形式，申请人向被申请人陈述如下：申请人是涉案发明专利的专利权人。因未能继续得到申请人的使用许可，某能源科技有限公司起意通过虚假变更的方式非法获得专利权。在该公司的授意下，某专利事务所伪造了《专利权转让证明》，并由该所代理人谭某某代其签名，后作为著录项目变更理由证明向被申请人提交。谭某某在与申请人的电话通话中承认上述事实。申请人对某专利事务所向被申请人提交的著录项目变更申报书、著录项目变更理由证明、专利代理委托书等文件毫不知情，也不同意上述变更。

因某能源科技有限公司逾期未提交《专利权转让证明》纸件原件，被申请人于2018年9月21日发出《修改更正通知书》（收件人为某专利事务所、刘某某），将专利权人变更为原专利权人刘某某。

在该案中，某专利事务所涉嫌协助某能源科技有限公司伪造虚假的《专利权转让证明》，并将该证明提交至被申请人处办理专利权人变更手续，侵犯了专利权人的合法权益，干扰了被申请人的正常审查秩序，行政复议机构将上述案件情况及时通报专利代理管理部门。

思考与启示

对于原专利权人以虚假变更为理由提出的行政复议申请，行政复议机构可以积极协调建立虚假变更多部门联动处理机制。一方面，行政复议机构协调原部门通过要求现专利权人提交进一步的证明文件，对变更事实予以再次确认。确为虚假变更的，由原部门或者通过行政复议决定撤销原具体行政行为，恢复原专利申请人（专利权人）的申请权（专利权）。另一方面，对于专利代理机构故意向被申请人提供虚假证明材料，为委托人谋取不正当利益的，行政复议机构及时通报专利代理管理部门。

（撰稿人：黄筱筱）

图形用户界面的优先权主题认定中产品载体问题

——某公司不服视为未要求优先权案

基本案情

某公司（以下称"申请人"）对国家知识产权局（以下称"被申请人"）2018 年 5 月 28 日作出的《视为未要求优先权通知书》不服，于 2018 年 7 月 26 日向行政复议机关提出行政复议申请。

经查，2017 年 11 月 9 日，申请人向被申请人提交外观设计专利申请（发明创造名称为"用于笔记本电脑的图形用户界面"），并于同日提出要求优先权声明和提交经证明的在先申请文件副本及在先申请文件副本中文题录 [原受理机构名称：美国，在先申请日：2017 年 5 月 12 日，在先申请发明创造名称：作为显示屏幕一部分的动态图标（TRANSITIONAL ICON FOR A PORTION OF A DISPLAY SCREEN）]。2018 年 5 月 28 日，被申请人发出《视为未要求优先权通知书》，通知申请人因在先申请与在后申请的主题明显不相关，不符合《专利法》第二十九条第一款的规定，视为未要求优先权。申请人主要复议理由为：复议所涉专利申请保护的主题是图形用户界面，与声明的优先权的主题相同，且也清楚地记载在首次申请中，满足审查指南中关于核实优先权对于"相同主题的认定"标准；复议所涉专利申请视图中图形用户界面的载体仅是为了使申请图片满足中国专利局对视图形式的要求而增加的常规载体，不是核实是否享受优先权时所要核实的内容。

经复议审理，行政复议机关于 2018 年 10 月 11 日作出行政复议决定，维持了上述《视为未要求优先权通知书》。

▌焦点问题评析

该案的焦点问题在于：涉案外观设计专利申请是否与在先申请属于相同主题？

我们认为，《专利审查指南 2010（修订版）》明确规定：外观设计是产品的外观设计，其载体应当是产品。基于图形用户界面产品外观设计的发展趋势，2014 年 3 月，《国家知识产权局关于修改〈专利审查指南〉的决定》（局令第 68 号）将通电后显示图形用户界面的产品纳入了外观设计专利保护客体。

近年来，代理实务界对将"部分外观设计"概念引入外观设计专利保护制度屡有呼声。在美国，部分外观设计制度和图形用户界面专利保护制度密不可分，互相影响，前者是后者的基础，而后者又促使前者进一步发展。通过判例推动，并最终通过修改美国专利审查指南，图形用户界面可以作为部分外观设计的形式要求保护。因此，在我国，申请人可否要求以美国图形用户界面专利申请作为外国优先权基础，成为争议焦点。

根据现行《专利审查指南 2010（修订版）》，这一问题的答案是明确的。在我国目前尚未构建部分外观设计保护制度的情况下，对图形用户界面的保护要依托实体产品。属于相同主题的外观设计应当属于相同产品的外观设计，且在后申请要求保护的外观设计应当清楚地表示在其外国首次申请中。

但是，答案的暂时确定不应阻碍我们对上述问题保持持续关注。从回归知识产权保护的本质来看，知识产权保护的是智力劳动的成果。产品只是载体，不是知识产权保护的客体。外观设计专利保护的客体应当是以产品为载体的设计方案。这个载体可以是产品整体，也可以是产品部分。如果我国未来探索建立部分外观设计保护制度，对上述问题，相信会有新的认识和答案。

在该案中，在先申请的发明创造名称是"作为显示屏幕一部分的动态图标（TRANSITIONAL ICON FOR A PORTION OF A DISPLAY SCREEN）"，其申请视图显示的仅为单纯的图标设计，既不包括作为载体的实体产品，也没有记载该图标设计在显示屏幕中的所处位置和大小比例。涉案外观设计专利申请的发明创造名称是"用于笔记本电脑的图形用户界面"，其申请视图显示的是以笔记本电脑为载体的图形用户界面设计，作为在后申请的涉案外观设计专利申请要求保护的图形界面设计的产品载体也未清楚地表示在在先申请中，因此，涉案外观设计专利申请和在先申请不属于相同主题，涉案外观设计专利申请不能根据《专利法》第二十九条第一款的规定要求在先申请作为优先权基础。

（撰稿人：黄筱筱）

已被使用的恢复权利请求费不能请求退款

——龚某某不服不予退款案

基本案情

龚某某（以下称"申请人"）对国家知识产权局（以下称"被申请人"）2018 年 6 月 11 日作出的《退款审批通知书》不服，向行政复议机关提出行政复议申请。

经查，2018 年 2 月 28 日，因申请人未在规定的期限内办理登记手续，被申请人发出《视为放弃取得专利权通知书》，通知申请人该专利申请被视为放弃取得专利权的权利。2018 年 3 月 4 日，申请人向被申请人提交《恢复权利请求书》，请求针对上述《视为放弃取得专利权通知书》恢复权利。2018 年 3 月 23 日，因未缴纳恢复权利请求费，被申请人发出办理《恢复权利手续补正通知书》，通知申请人应当自收到通知书之日起 1 个月内缴纳恢复权利请求费 1000 元。2018 年 3 月 27 日，申请人再次向被申请人提交《恢复权利请求书》，并缴纳恢复权利请求费 1000 元。2018 年 4 月 8 日，被申请人发出《恢复权利请求审批通知书》，针对申请人于 2018 年 3 月 4 日提交的《恢复权利请求书》，同意恢复权利。2018 年 4 月 16 日，被申请人发出《视为未提出通知书》，通知申请人其于 2018 年 3 月 27 日提出的《恢复权利请求书》视为未提出，无须办理恢复权利手续。2018 年 5 月 27 日，申请人向被申请人提交《意见陈述书（关于费用）》，请求退回上述恢复权利请求费。2018 年 6 月 11 日，被申请人发出《退款审批通知书》，通知申请人因信函中缺少签章，且相关费用已正常使用，不同意退款。申请人的主要复议理由为：被申请人曾通知申请人无须交恢复费。为尽快获得专利证书，其才在提交《恢复权利请求书》时交了 1000 元恢复费。

经复议审理，行政复议机关于 2018 年 10 月 10 日作出行政复议决定，维持了上述《退款审批通知书》。

焦点问题评析

该案的焦点问题是申请人可否就已被使用的恢复权利请求费请求退款。

根据《专利法实施细则》第九十四条第四款的规定，申请人可就多缴、重缴、错缴的专利费用，请求被申请人予以退还。根据《专利审查指南 2010（修订版）》第五部分第二章第 4.2.1.2 节的规定，专利局主动退款的情形包括在专利权终止或者宣告专利权全部无效的决定公告后缴纳的年费等三种情形。

在该案中，针对被申请人于 2018 年 2 月 28 日发出的《视为放弃取得专利权通知书》，申请人先于 2018 年 3 月 4 日提交《恢复权利请求书》，后于 2018 年 3 月 27 日缴纳恢复权利请求费 1000 元。因申请人在《专利法实施细则》第六条第二款规定的期限内办理了恢复手续，符合《专利法实施细则》第六条第三款的规定，故被申请人于 2018 年 4 月 8 日发出《恢复权利请求审批通知书》，同意恢复权利。

针对申请人于 2018 年 3 月 27 日再次提交的《恢复权利请求书》，被申请人发出《视为未提出通知书》，通知申请人无需办理恢复权利手续。此处的"无需办理恢复权利手续"，是指因被申请人已同意恢复权利，故申请人无须再次提交《恢复权利请求书》，而不是申请人误认为的"无须交恢复费"。

恢复权利程序是依申请人请求而启动。其中，缴纳恢复权利请求费是申请人为恢复权利而主动履行的行为，且是申请人的真实意思表示。因此，申请人请求退还恢复权利请求费，不属于《专利法实施细则》第九十四条第四款规定的退款情形。此外，《意见陈述书（关于费用）》未经申请人签字或盖章，不符合《专利法实施细则》第一百一十九条第一款的规定。因此，被申请人于 2018 年 6 月 11 日发出的《退款审批通知书》事实清楚，适用依据正确，程序合法，内容适当，应当维持。

思考与启示

对于不属于以上可以退款情形的费用，申请人可否请求退款的问题，应当从法律规定和法律关系两个方面来分析。首先，从法律规定来看，已被正常使用的恢复权利请求费不属于法律性文件明文规定可以申请退还的费用。即对于已完成的审批行为，申请人请求退还已被正常使用的相关费用没有法律依据。其次，从法律关系来看，恢复权利程序依申请人请求而启动，申请人提交了《恢复权利请求书》并缴纳了恢复权利请求费，被申请人根据相关法律规定，对申请人的恢复权利请求进行审批并告知审批结果，即申请人和被申请人之间建立了一种法定的信赖法律关系。这种法律关系不得撤销，法律另有规定的除外。

（撰稿人：黄筱筱）

商标

复议典型案例

申请续展的商标应为有效注册商标

——某矿业股份有限公司不服商标续展申请不予核准案

基本案情

某矿业股份有限公司（以下称"申请人"）不服原国家工商行政管理总局商标局（以下称"被申请人"）2018 年作出的《商标续展申请不予核准通知书》，向行政复议机关申请行政复议。

经查，涉案商标于 2005 年 5 月 16 日申请注册，专用权期限自 2009 年 1 月 21 日至 2019 年 1 月 20 日。2013 年 6 月 14 日，某集团有限公司就涉案商标向被申请人提出撤销连续三年不使用注册商标申请。2013 年 8 月 29 日，被申请人向本案申请人发出提供使用证据通知。在法定期限内，申请人未提交使用证据材料。2014 年 4 月 11 日，被申请人作出撤 201304×××号"关于某注册商标连续三年停止使用撤销申请的决定"并邮寄送达申请人。申请人在复审期限内未申请复审，该撤销决定生效。此后，被申请人在 2014 年 12 月 27 日第 1437 期《商标公告》上刊登了涉案商标的撤销公告。

经复议审理，行政复议机关作出复议决定，维持被申请人作出的《商标续展申请不予核准通知书》，申请人未就复议决定提起行政诉讼。

焦点问题评析

该案的焦点问题是被申请人作出的《商标续展申请不予核准通知书》是否合法、适当。

《中华人民共和国商标法》（以下简称《商标法》）第四十条规定"注册商标有效期满，需要继续使用的，商标注册人应当在期满前 12 个月内按照规定办理续展手续；在此期间未能办理的，可以给予 6 个月的宽展期。每次续展注册的有效期为 10 年，自该商标上一届有效期满次日起计算。期满未办理续展手续的，注销其注册商标"。依照该规定，申请办理续展的商标应当为已注册商标，未核准注册或者虽已注册但又被宣告无效或被撤销注册的商标已非注册商标，不再予以续展注册。

就该案而言，涉案商标在注册有效期内被他人提出无正当理由连续三年停止使用撤销申请。依照商标法及其实施条例的相关规定，涉案商标注册人应当在指定期限内提交在撤销申请提出前使用该注册商标的证据材料或者说明不使用的正当理由。期满未提供使用的证据材料或者证据材料无效并没有正当理由的，撤销其注册商标。该案涉案商标注册人在指定期限内未提供商标使用证据材料，被申请人据此作出撤销商标注册的决定于法有据。同时，涉案商标注册人亦未就该撤销决定按照法定的救济渠道申请复审，使得该决定生效。《商标法》第五十五条第二款规定："被撤销的注册商标，由商标局予以公告，该注册商标专用权自公告之日起终止。"被申请人根据已经生效的撤销决定，于 2014 年 12 月 27 日刊发了注册商标撤销公告。依据上述规定，涉案商标专用权已自 2014 年 12 月 27 日终止。申请人于 2018 年 4 月 12 日提出续展申请，涉案商标已非注册商标，被申请人作出续展申请不予核准决定符合法律规定，并无不妥。

思考与启示

依照我国《商标法》的相关规定，注册商标的有效期为 10 年，有效期届满，需要继续使用该注册商标的，应当办理续展手续。办理续展的前提是该商标的注册仍然有效。在有些续展复议案件中，当事人在复议理由中主张自己并未收到被申请人邮寄送达的提供使用证据通知，因此错过了提供使用证据的机会。但《中华人民共和国商标法实施条例》（以下简称《商标法实施条例》）明确规定邮寄送达是一种法定的文件送达方式。商标注册部门依照法定送达程序履行送达义务且相关文件并未被邮局退回，此时该文件应视为已经送达。对注册商标权利人来说，其在商标注册簿中登记的通信地址应当保证畅通，确保能够投递。当其通信地址发生改变时，应当及时到商标注册部门进行变更。

此外，依照《商标法》相关规定，注册商标专用权自撤销公告之日起终止。因此，撤销公告日才是注册商标专用权终止的时间。在有的涉及续展的复议案件中，撤销注册商标的决定已经生效，但并未刊发撤销公告，此时如果仅依据已生效的撤销决定而径行认为该注册商标已经丧失专用权，从而不予核准该注册商标的续展申请，与法律规定相违。商标注册部门应当在补齐相关程序的基础上再对续展申请作出审查。

（撰稿人：马岩岩）

异议人主体资格证明标准要求不宜过高

——上海某餐饮有限公司不服商标异议申请不予受理案

上海某餐饮有限公司（以下称"申请人"）不服原国家工商行政管理总局商标局（以下称"被申请人"）于2018年5月30日作出的《商标异议申请不予受理通知书》，向行政复议机关申请行政复议。

经查，2017年3月13日，案外人（以下称"被异议人"）向被申请人申请注册涉案商标。被申请人经审查后，在2017年12月6日第1578期《商标公告》上对涉案商标予以初步审定公告，法定异议期为2017年12月7日至2018年3月6日。申请人在异议期内提出异议申请。异议理由为：申请人股东与涉案商标注册申请人（被异议人）之间存在商业洽谈的事实，涉案商标注册构成恶意抢注。同时提交了以下证据：申请人营业执照复印件，显示公司成立时间为2016年7月19日且企业字号与涉案商标相同；被异议人企业信用信息公示报告，显示股东为许某某、李某某；2017年3月15日申请人与许某某签订的关于涉案商标品牌的合作加盟协议书；2017年3月6日至2017年7月13日期间微信名标注为郑州李某某的账号与申请人股东之间的微信聊天记录等。

经复议审理，行政复议机关认为，申请人具备提出异议的主体资格，该异议申请应当予以受理。复议决定撤销被申请人作出的不予受理决定。

█ ▌焦点问题评析

该案的焦点问题在于申请人是否具备提起异议的主体资格条件。

《商标法》第三十三条规定："对初步审定公告的商标，自公告之日起3个月内，在先权利人、利害关系人认为违反本法第十三条第二款和第三款、第十五条、第十六条第一款、第三十条、第三十一条、第三十二条规定的，或者任何人认为违反本法第四条、第十条、第十一条、第十二条、第十九条四款规定的，可以向商标局提出异议。公告期满无异议的，予以核准注册，发给商标注册证，并予公告。"该条关于依据《商标法》第十三条、第十五条等相对理由条款提起异议的主体限定系 2013 年《商标法》修改时的新增内容。增加关于异议人主体资格的限制，其主要目的在于制止实践中发现的商标恶意异议行为。但需要注意的是，商标异议程序除要制止恶意异议外，更应当发挥该程序在商标注册流程中的权利救济和社会监督功能。因此，在有证据可以初步证明异议人与涉案商标存在利害关系而非恶意提起异议时，应当启动异议程序对涉案商标的可注册性进行实质审查，以发挥异议程序的救济功能与程序价值，应避免因过分强调制止恶意异议的目的而使得正当权利人利益无法在异议程序中获得救济。

该案申请人在异议程序中主张的主要异议理由为《商标法》第三十二条。《商标法》第三十二条规定："申请商标注册不得损害他人现有的在先权利，也不得以不正当手段抢先注册他人已经使用并有一定影响的商标"，属于相对理由条款，依法应当提交作为在先权利人或者利害关系人的主体资格证据。申请人为此提交了企业营业执照、被异议人登记信息、涉案商标品牌合作加盟协议书以及微信聊天记录等证据。其中，申请人企业营业执照显示其在涉案商标申请注册前已将该商标登记为商号使用，并且其提交的合作加盟协议书、微信聊天记录等证据亦可间接证明该商标系其在先使用的服务商标。被申请人主张申请人在异议中提交的涉案商标品牌合作加盟协议书的签订时间晚于涉案商标注册申请日 2 日且微信聊天记录等为自制证据，真实性存疑。然而，按照正常的商业习惯，合作双方在签订协议之前应当已经开始洽谈磋商活动。洽谈磋商的一方将另一方商标进行抢注亦非罕见。故不能仅仅因为该协议签订时间晚于涉案商标注册申请日而当然地排除其证明效力；申请人提交的微信聊天记录、被异议人登记信息等证据也不能仅因为系自制证据而不予采信，除存在明显造假情形外，对于证据的真实性问题应留待实质审查环节由当事人质证解决。综上，依据上述证据可以初步认定申请人与涉案商标之间具有利害关系，申请人难以被确认是恶意提起异议。被申请人仅因合作协议签订时间晚于涉案商标注册申请日 2 日及其他证据真实性存疑而不予受理申请人提出的异议申请，于法无据，应予撤销。

思考与启示

行政执法过程是对行政法律法规的解释适用过程。解释法律应当遵循目的解释的原则，按照立法精神，以合理目的进行解释及适用，以促进立法目的的实现。《商标法》第三十三条在 2013 年修改时增加对异议人主体资格的限制，其直接目的是为制止恶意利用商标异议程序提起异议以阻碍他人商标注册的行为，但其根本目的则是通过制止恶意异议保障商标异议程序功能的正常发挥。因此，在理解适用该项规定时，应准确把握二者之间的关系，合理确定异议人主体资格要件的证明标准，以实现通过制止恶意异议保障异议程序功能正常发挥的立法目的。

异议人主体资格是以相对理由启动异议程序的必要条件，如不符合主体资格要求则无法启动异议程序，即在此种情形下，异议程序将无法发挥其在商标注册程序中的救济及监督功能。鉴于此点，同时考虑到正当权利人可能会因此丧失程序利益，异议人主体资格证明标准要求不宜过高。对于没有证据显示系恶意异议且有证据证明系争商标与异议人之间存在一定利害关系的异议申请，应当予以受理。

（撰稿人：马岩岩）

共同异议人的主体资格审查

——某控股公司、国际某控股公司 不服商标异议申请不予受理案

某控股公司（以下称"申请人一"）、国际某控股公司（以下称"申请人二"）为关联公司。2017年10月16日，二者共同委托某（上海）知识产权代理有限公司向原国家工商行政管理总局商标局（以下称"被申请人"）针对涉案商标提起异议。被申请人以申请人一的主体资格不符合《商标法》有关规定，依据《商标法》第三十三条及《商标法实施条例》第二十六条的规定，作出《商标异议申请不予受理通知书》。随后，申请人一、申请人二共同委托某（上海）知识产权代理有限公司向行政复议机关申请行政复议。

经查，两申请人提出的主要异议理由为：涉案商标与申请人二注册在先的第587××××号商标（以下称"引证商标"）构成近似；涉案商标侵犯申请人一的委托人姓名权、商品化权等。申请人一未提交其与所主张姓名权主体之间的授权声明等相关利害关系证明材料。被申请人经审查后认为，引证商标注册人为申请人二，申请人一未提交证据证明其与该商标存在利害关系；申请人一系接受他人委托处理其相关知识产权事宜，包括姓名权，但是并未提供相关授权证明及其他证明二者之间存在利害关系的文件。由于异议申请是不可分割的整体，被申请人在审查异议申请

的形式要件和主体资格问题时需对共同异议人一并审查。本案的两申请人均需提供作为在先权利人或利害关系人的证明。因此，该异议申请缺少申请人一作为在先权利人或利害关系人的主体资格证明，应当不予受理。

经复议审理，行政复议机关决定撤销被申请人作出的《商标异议申请不予受理通知书》。

焦点问题评析

该案复议审理的焦点问题之一为共同异议人主体资格的审查问题。

《商标法》第三十三条规定，"对初步审定公告的商标，自公告之日起3个月内，在先权利人、利害关系人认为违反本法第十三条第二款和第三款、第十五条、第十六条第一款、第三十条、第三十一条、第三十二条规定的，或者任何人认为违反本法第四条、第十条、第十一条、第十二条、第十九条第四款规定的，可以向商标局提出异议"。依据该条规定，依相对理由提起异议的主体应提交作为在先权利人或者利害关系人的证明文件。

依据在案查明事实，在异议期内，申请人一未提交适格的主体资格证明文件，申请人二提交了适格主体证明文件。被申请人因申请人一主体不适格而对整个异议申请作出不予受理决定，使适格主体申请人二无法进入到异议程序，损害了申请人二的程序权利，属于程序违法。《商标法》针对以相对理由提出的异议申请限定了异议主体资格、异议理由的范围和类型，旨在回归异议制度的立法初衷，使其兼顾社会监督和权利救济的作用，有助于提高异议效率，防止恶意异议。该案中，被申请人在确定申请人二符合异议人主体资格，不属于恶意异议的情况下，仍然对异议申请作出不予受理决定与《商标法》的立法本意存在冲突。被申请人在答复意见中称异议申请是不可分割的整体，但其在审查异议人主体资格时仍是根据不同异议人分别审查提交的证据材料及异议理由。虽然在异议程序的形式审查阶段无法实现对同一个异议申请号分别作出受理和不予受理的决定，但是被申请人可以在实质审查阶段仅对符合异议人主体资格的申请人二进行实质审查，并在异议决定中对申请人一不符合异议人主体资格的情况予以说明，从而既保障了适格主体的程序权利，又没有突破《商标法》对于异议人主体资格的要求。该案复议决定撤销被申请人作出的《商标异议申请不予受理通知书》。

思考与启示

我国采取异议前置制度，异议程序为商标注册公告前的必经程序。异议期内无人提起异议或者异议不成立的，刊发注册公告，商标注册人始获注册商标专用权。因此，异议程序启动与否直接影响商标注册人权利的取得以及商标异议人程序性权利的行使。

共同异议并非异议的常见形式。实践中，共同异议通常体现为具有关联关系的两个或两个以上主体共同委托同一代理组织对同一商标提起的异议。针对此种情形，对异议主体的资格审查是否应当要求所有主体均符合主体资格要件才可予以受理其异议申请，实践中不无争议。上述案件中，根据可查事实，在案没有证据显示申请人一与申请人二共同提出异议存在恶意提起异议的主观目的。当申请人二符合主体资格要求时，如仅因为申请人一的问题而不予受理整个异议申请势必影响申请人二的程序性权利行使。因此，我们认为，该份异议申请应当予以受理。但是该异议申请受理并不表明申请人一亦可继续参与异议程序，申请人一应因其在异议期内未提交适格主体资格而丧失继续参与异议程序的资格，被申请人对此应在其后的异议决定中予以说明。

（撰稿人：马岩岩）

相对理由的异议申请主体须是
在先权利人或利害关系人

——广州 A 公司不服商标异议申请不予受理案

▌基本案情

广州 A 公司（以下称"申请人"）不服原国家工商行政管理总局商标局（以下称"被申请人"）于 2015 年 5 月 7 日作出的商标异议申请不予受理决定，向行政复议机关提起行政复议申请。

经查，2013 年 8 月 9 日，广东 B 公司在第 9 类电子记事器、电子芯片等商品上申请注册涉案商标。2014 年 9 月 20 日，被申请人在总第 1424 期《商标公告》上对涉案商标予以初步审定公告，法定异议期为 2014 年 9 月 21 日至 2014 年 12 月 20 日。2014 年 12 月 19 日，被申请人收到申请人委托北京某知识产权代理有限公司邮寄递交的针对涉案商标的异议申请。异议申请材料包括：异议申请书、异议理由书、申请人的引证商标产品照片、申请人的引证商标产品包装原件等。被申请人经审查认为，该异议申请缺少申请人作为在先权利人或利害关系人的主体资格证明，不符合《商标法》第三十三条和《商标法实施条例》第二十四条的规定，对上述商标异议申请作出了不予受理的决定。

经复议审理，行政复议机关作出复议决定，维持被申请人异议申请不予受理决定，申请人就此未提起行政诉讼。

▋焦点问题评析

该案的焦点问题是申请人是否提交了具备启动异议程序的主体资格的证据。

根据《商标法》第三十三条的规定，以违反《商标法》第十三条第二款和第三款、第十五条、第十六条第一款、第三十条、第三十一条、第三十二条规定提出异议的主体应为在先权利人、利害关系人；以违反《商标法》第四条、第十条、第十一条、第十二条、第十九条第四款规定提出异议的主体可以为任何人，不受主体资格限制。该条款关于异议人主体资格限制的内容是商标法第三次修改新增加的内容，其立法目的在于制止恶意异议，加快商标授权确权程序，明确规定依相对理由提出异议申请的，限定为在先权利人和利害关系人。因此，被申请人有义务对异议申请是否满足主体资格要件进行形式审查。

该案中，申请人在异议中虽然提及了《商标法》第九条、《中华人民共和国民法通则》第四条、《中华人民共和国反不正当竞争法》第二条和第五条等法律依据，但是归纳其异议理由的实质仍然是认为涉案商标注册侵犯其某商标在先使用权。而依商标在先使用权为理由提起异议，依据《商标法》第三十三条的规定，需要提交申请人作为在先权利人或利害关系人的证据。该案中，申请人虽然提供了其商标产品照片和包装原件，但是上述证据未能体现使用时间和申请人名称，既不能证明其商标使用时间的在先性，也不能证明申请人与商标或产品之间的关系，不能证明申请人为在先权利人或利害关系人。另外，上述证据材料为英文，未提供中文翻译。《商标法实施条例》第六条第二款规定："依照商标法和本条例规定提交的各种证件、证明文件和证据材料是外文的，应当附送中文译文；未附送的，视为未提交该证件、证明文件或者证据材料。"因此，该案应视为申请人未提交其作为在先权利人或利害关系人的证明。《商标法实施条例》第二十六条规定："商标异议申请有下列情形的，商标局不予受理，书面通知申请人并说明理由：……（二）申请人主体资格、异议理由不符合商标法第三十三条规定的；……"依据该规定，被申请人作出异议申请不予受理决定于法有据，并无不当。因此，行政复议机关维持了被申请人的异议申请不予受理决定。

思考与启示

2015 年，行政复议机关收到的对异议申请不予受理决定不服提起的行政复议案件占比为 **23.2%**，这与商标法第三次修改后部分申请人、商标代理人不适应异议程序启动主体的变化有很大关系。依绝对理由提起行政复议的，异议理由的阐述应与所适用法条形成对应关系；依相对理由提起异议申请的，必须证明申请人为在先权利人或利害关系人。证明异议申请人为在先权利人或利害关系人，不需要在先权利可以成立的大量证据，但是所提交证据必须形成证据链，能够证明权利的在先性以及该权利与申请人的关系。否则，异议申请将因为缺少主体资格证明文件，不符合《商标法》第三十三条规定为由被不予受理，申请人将错失通过异议程序维护自身权利的机会。

（撰稿人：曹娜）

异议人在3个月异议期内补充的
主体资格证明材料应予考虑

——某文化发展有限公司不服商标异议申请不予受理案

▎基本案情

2016年4月1日，某文化发展有限公司（以下称"申请人"）不服原国家工商行政管理总局商标局（以下称"被申请人"）作出的《商标异议申请不予受理通知书》，向行政复议机关申请行政复议。

2015年12月13日，被申请人在总第1×××期《商标公告》上对涉案商标予以初步审定公告，法定异议期为2015年12月14日至2016年3月13日。2016年1月25日，申请人向被申请人邮寄递交了针对涉案商标的异议申请。被申请人经审查认为，该异议申请人的主体资格不符合商标法有关规定，依据《商标法》第三十三条和《商标法实施条例》第二十六条的规定，于2016年3月9日对涉案商标异议申请作出了不予受理的决定。2016年3月10日，申请人提交了补充材料，包含申请人品牌基本情况、产品外包装设计和发票复印件、产品销售合同及发票复印件、宣传手册、官网和淘宝店铺页面截图、媒体报道、获得的奖项等证据。申请人的复议理由为，被申请人未等待补充证据期限届满就作出不予受理决定属于程序违法，请求撤销被申请人异议申请不予受理决定。

经复议审理，行政复议机关作出撤销被申请人具体行政行为的决定，申请人就此未提起行政诉讼。

焦点问题评析

该案的焦点问题是被申请人作出的异议申请不予受理决定是否合法、适当。

申请人在 3 个月法定异议期内（2016 年 3 月 10 日）提交了补充材料，其中包含涉案商标申请日之前，申请人使用和宣传涉案商标图样的大量证据。但被申请人未等待 3 个月法定异议期届满即于 2016 年 3 月 9 日作出了异议申请不予受理决定，对申请人补充材料中提供的证据未予审查，属于程序违法。被申请人的具体行政行为已经对申请人提出异议的权利造成了实质损害。

根据《行政复议法》第二十八条第一款第（三）项规定决定，撤销被申请人所作出的具体行政行为。

思考与启示

《商标法》第三十三条规定，"对初步审定公告的商标，自公告之日起 3 个月内，在先权利人、利害关系人认为违反本法第十三条第二款和第三款、第十五条、第十六条第一款、第三十条、第三十一条、第三十二条规定的，或者任何人认为违反本法第四条、第十条、第十一条、第十二条、第十九条第四款规定的，可以向商标局提出异议"。本条首先规定了异议的法定期限为 3 个月，该期限合理兼顾了公平与效率两方面，既有利于充分发挥社会监督和权利救济功能，又有利于商标申请人及时获得商标注册。因此，3 个月的异议期限不仅是对异议人的要求，要求其在法定期限内提交异议申请，包括异议理由和主体资格证明文件；同时是异议人的程序权利，被申请人应当予以保障。

实践中，被申请人为提高异议形审工作效率，往往以异议人首次提交的异议申请材料作为审查异议应否受理的审查对象。对此，我们认为在被申请人依首次提交的异议申请材料作出不予受理决定后，如果在法定异议期内异议人又补充材料的，应视该补充材料是否对审查结果产生实质影响为判断标准：若根据补充材料异议申请符合法定要求的，被申请人应予受理；若补充材料仍不符合受理条件的，异议不予受理决定虽然存在程序瑕疵，但未对异议人权利造成实质影响，复议机关可予以维持。

因此，被申请人应等待 3 个月异议期届满再作出异议是否受理的决定，以充分保护异议人的程序和实体权利。只要异议人在 3 个月的法定异议期限内提交了符合商标法关于异议人主体资格要求的证据材料，被申请人均应予以受理，而不论异议人是在首次提起异议申请时提交的还是以补充证据材料名义提交的。在法定异议期限届满后的补充证据阶段，如果异议人补交之前未提交的主体资格证据，对此应不予认可，否则对被异议人显失公平。

(撰稿人：何潇)

异议人主体资格证明材料
应在3个月异议期内提交

——某科技有限公司不服商标异议申请不予受理案

2018年8月，某科技有限公司（以下称"申请人"）不服原国家工商行政管理总局商标局（以下称"被申请人"）作出的《商标异议申请不予受理通知书》，向行政复议机关申请行政复议。

经查，本案涉案商标由某投资有限公司于2016年12月23日申请注册。2017年11月6日，被申请人在总第1574期《商标公告》上对涉案商标予以初步审定公告，法定异议期为2017年11月7日至2018年2月6日。

2018年2月11日，被申请人收到申请人于2018年2月6日邮寄递交的针对涉案商标的异议申请。其中，申请人以涉案商标违反《商标法》第三十二条规定为由，向被申请人提出异议。2018年5月7日，被申请人收到申请人提交的异议申请补充材料。被申请人经审查认为，申请人主体资格不符合《商标法》有关规定，根据《商标法》第三十三条和《商标法实施条例》第二十六条的规定，于2018年6月11日对涉案商标异议申请作出了不予受理的决定。申请人的复议理由为：其符合利害关系人身份，其所提异议申请应予受理，请求撤销被申请人作出的商标异议申请不予受理决定。

经复议审理，行政复议机关作出维持被申请人具体行政行为的决定，申请人就此未提起行政诉讼。

焦点问题评析

该案的焦点问题是被申请人作出的具体行政行为是否合法、适当。

《商标法》第三十三条规定，"对初步审定公告的商标，自公告之日起 3 个月内，在先权利人、利害关系人认为违反本法第十三条第二款和第三款、第十五条、第十六条第一款、第三十条、第三十一条、第三十二条规定的，或者任何人认为违反本法第四条、第十条、第十一条、第十二条、第十九条第四款规定的，可以向商标局提出异议"。该条关于异议人主体资格的限制是商标法第三次修改增加的内容，其立法目的在于制止恶意异议，提高商标授权效率。依据该规定，依相对理由提出异议申请的主体限定为在先权利人或者利害关系人，提出异议申请的期限为自初步审定公告之日起 3 个月内。被申请人对此负有审查义务。

《商标法实施条例》第二十四条规定："对商标局初步审定予以公告的商标提出异议的，异议人应当向商标局提交下列商标异议材料一式两份并标明正、副本：（一）商标异议申请书；（二）异议人的身份证明；（三）以违反商标法第十三条第二款和第三款、第十五条、第十六条第一款、第三十条、第三十一条、第三十二条规定为由提出异议的，异议人作为在先权利人或者利害关系人的证明。"《商标法实施条例》第二十六条规定："商标异议申请有下列情形的，商标局不予受理，书面通知申请人并说明理由：……（二）申请人主体资格、异议理由不符合商标法第三十三条规定的：……"依据上述规定，异议人作为在先权利人或者利害关系人的证明是异议人依相对理由启动异议程序时应当要提交的材料，未提交上述证明材料的，不能启动异议程序。

《商标法实施条例》第二十七条第二款规定，"当事人需要在提出异议申请或者答辩后补充有关证据材料的，应当在商标异议申请书或者答辩书中声明，并自提交商标异议申请书或者答辩书之日起3个月内提交"。该规定系针对异议程序启动后当事人对其主张的事实或理由如何补充证据材料的规定。而提交主体资格证明是当事人启动异议程序的必要条件，不属于异议程序启动后可以补充提交的"有关证据材料"。如允许异议人在异议期满后补充提交主体资格证明材料，则实质上是变相延长了《商标法》第三十三条规定的3个月异议期，对被异议人显失公平。

综上，依相对理由提出异议申请的异议人，应当在3个月法定异议期内提交主体资格证明文件，且该证明文件不属于可以补充提交的证据材料。

该案申请人在异议理由中主张涉案商标违反《商标法》第三十二条的规定，属于相对理由条款。根据前述分析，依相对理由提起异议申请的，申请人应当在3个月异议期内向被申请人提交其作为在先权利人或者利害关系人的证明文件。该案中，申请人在3个月异议期内未提交证据证明其在先使用或与涉案商标存在利害关系。申请人在异议期满之后以及复议程序中提交的证据材料不能作为认定其主体适格的证据材料。因此，被申请人在无法确认申请人为在先权利人或利害关系人的情况下，认定其不具备启动异议程序的主体资格，作出异议不予受理决定于法有据，并无不当。

思考与启示

针对商标异议申请不予受理决定提起的行政复议是商标注册程序性争议行政复议中的主要案件类型之一，而在复议所针对的商标异议申请不予受理决定中，因异议人主体资格不符合《商标法》有关规定被不予受理的占绝大多数。从复议案件审理实践来看，因异议人认为主体资格证明可以作为补充材料提交，故而在提交异议申请时未提交主体资格证明或者提交的主体资格证明不够充分，进而导致因主体资格不符合规定而不予受理异议申请的案件数量较多。

《商标法》第三十三条规定是商标法第三次修改新增加的内容，其立法目的在于制止恶意异议，加快商标授权程序，明确规定依相对理由提出异议申请的，限定为在先权利人和利害关系人，并且主体资格证据需要在 3 个月法定异议期内提交。《商标法实施条例》第二十四条和第二十六条也对异议申请必须提交的材料和不予受理的情形作了明确规定。根据规定，主体资格证明文件属于提出异议申请的三项基本手续之一，一旦缺少则属于申请手续不齐备，依法应当不予受理。

《商标法实施条例》第二十七条第二款中"可以补充提交的证据"，仅限于影响异议实体审查结论的证据，不包括主体资格证据。实践中，在先权利的主体资格证据与在先权利能够得到认定和保护的证据必然会有所交叉。需要明确的是，被申请人在形式审查中并不需要在先权利可以得到实体支持的大量证据，而仅需要在先权利的必要证据以及此在先权利归属于异议人的证据。在提交适格的主体资格证据后，异议人完全可以在 3 个月补充期内再提交大量的在先权利证据以提高在实体审查中得到保护的概率。

综上，依相对理由提出异议申请的异议人，异议主体资格证明应当在 3 个月异议期内提交，且异议主体资格证明不属于可以补充提交的证据范围。异议人在提交异议申请时，应当依法向被申请人提交主体资格证明，并提高所提交主体资格证据的质量，避免因证明力不足，导致商标异议申请被不予受理，进而丧失通过异议程序进行权利救济的机会。

（撰稿人：李俊青）

撤回商标注册申请审查需谨慎

——张某某不服撤回商标注册申请不予受理案

■ 基本案情

张某某（以下称"申请人"）不服原国家工商行政管理总局商标局（以下称"被申请人"）2018 年 5 月 15 日作出的《撤回商标注册申请不予受理通知书》，于 2018 年 7 月 4 日向行政复议机关申请行政复议。

经查，2018 年 4 月 28 日，申请人委托北京某国际知识产权代理有限公司通过网上申请的方式向被申请人提交了涉案商标的注册申请书，并同时上传提交了以申请人为经营者的个体工商户营业执照、载有申请人签名的商标代理委托书。其中，商标代理委托书出具时间为 2018 年 4 月 21 日，经勾选的商标代理权限为"商标注册申请"。

2018 年 5 月 2 日，申请人又委托前述北京某国际知识产权代理有限公司通过网上申请的方式提交了《撤回商标注册申请申请书》。申请书撤回理由为：个人证明文件提交错误，身份证件提交错误，个体户执照不符合，请求不予受理。同时随申请书上传提交了申请人身份证照片及载有其签名的商标代理委托书。经比对，该商标代理委托书与申请人 2018 年 4 月 28 日提交商标注册申请书时提交的商标代理委托书并无二致。

2018 年 5 月 15 日，被申请人作出《撤回商标注册申请不予受理通知书》认为，申请人提交的商标代理委托书勾选代理事宜有误，根据《商标法实施条例》第十八条的规定，此件申请不予受理。

申请人复议主要理由为：作出上述《撤回商标注册申请不予受理通知书》给申请人带来极大的损失，被申请人应根据实际情况下发补正通知书而非不予受理。申请人在本案复议申请中未提交证据材料。

行政复议机关经审理作出复议决定，维持被申请人作出的《撤回商标注册申请不予受理通知》。

焦点问题评析

该案焦点问题为被申请人作出的《撤回商标注册申请不予受理通知书》是否合法、适当。

依据《商标法实施条例》第十八条的规定，办理商标事宜，如申请手续不齐备、未按照规定填写申请文件或者未缴纳费用的，商标局不予受理，书面通知申请人并说明理由。申请手续基本齐备或者申请文件基本符合规定，但是需要补正的，商标局通知申请人予以补正。《商标法实施条例》第五条规定，"当事人委托商标代理机构申请商标注册或者办理其他商标事宜，应当提交代理委托书。代理委托书应当载明代理内容及权限"。据此，委托商标代理机构提交撤回商标注册申请的，应当提交载明代理内容及权限的代理委托书。未提交代理委托书或者无相关代理权限的，属于申请手续不齐备或者未按照规定填写申请文件的情形。

该案中，申请人通过商标代理机构北京某国际知识产权代理有限公司提交撤回商标注册申请的申请材料。其中，商标代理委托书与申请人委托的同一商标代理机构在商标注册申请程序中提交的商标代理委托书完全相同。该代理委托书委托权限仅为"商标注册申请"，不包括"撤回商标注册申请"授权。因撤回商标注册申请行为直接影响申请人的商标权益，在无申请人明确授权时，被申请人不能认定该撤回申请系申请人的真实意思表示。被申请人对此作出不予受理决定，于法有据，并无不妥。申请人主张被申请人应给予其补正机会，但未提交符合规定的代理委托书已构成《商标法实施条例》第十八条第二款规定的不予受理情形，不属于可以补正的情形。退一步讲，如果申请人确有撤回商标注册申请的真实意思，完全可以重新提交符合规定的商标注册申请撤回申请文件。申请人在复议理由中主张该案撤回申请不予受理给其带来极大损失并无相应证据支持。因此，行政复议机关作出复议决定，维持该案被申请人作出的撤回商标注册申请不予受理通知。

思考与启示

依照商标注册申请在先原则，在同一种或者类似商品上，以相同或者近似商标申请注册的，初步审定并公告申请在先的商标。因此，商标的注册申请日是确定商标注册权利冲突时优先顺序的重要依据，对商标注册申请人而言具有重要意义。撤回商标注册申请意味着申请人放弃该在先注册申请日，这将对申请人商标权益造成影响。因此，在审查撤回商标注册申请申请书件时应当秉持审慎态度，对于真实性存疑的撤回商标注册申请应当谨慎对待。

上述案件中，申请人在撤回商标注册申请程序中提交的商标代理委托书与其在商标注册申请程序中提交的商标代理委托书相比，在勾选代理权限以及委托人签名的字迹、位置、角度等方面完全相同。显然，该两份商标代理委托书为同一份，而根据申请人在商标注册申请时提交的代理委托书显示，申请人并未授权代理人可以代其撤回该商标注册申请。同时，我们也注意到，除该案撤回商标注册申请不予受理决定中提到的委托书勾选代理事宜有误以外，在撤回商标注册申请其他材料中以及该案复议申请材料中显示的申请人张某某的签名字迹与商标注册申请书中申请人张某某的签名字迹存在视觉上的差异，同一性存疑。综合以上考虑，该案存在代理人冒用申请人名义提交撤回商标注册申请的可能。当然，除上述可能性外，也存在代理人确实接受了撤回申请的委托而在提交撤回商标注册申请时因失误而导致错误上传代理委托书的可能。但针对这种可能，申请人的代理人基于代理义务完全可以重新提交一份符合要求的撤回申请书件以弥补其在本次提交中的失误。被申请人对真实性存疑的撤回商标注册申请作出不予受理决定，一方面满足了行政效率的需求；另一方面，由于申请人还可以另行提出撤回申请且无需缴纳费用，该决定的作出也不会对申请人权益造成实质性不利影响，符合行政比例原则的要求。

（撰稿人：马岩岩）

商标规费缴纳要求应遵循行政公开原则

——某茶有限公司不服无款不予受理案

基本案情

某茶有限公司（以下称"申请人"）不服原国家工商行政管理总局商标局（以下称"被申请人"）2018年1月9日作出的《无款不予受理通知书》，向行政复议机关申请行政复议。

经查，2017年12月4日，申请人委托北京某知识产权代理有限公司向被申请人提交了涉案商标的注册申请。2018年1月9日，在对涉案商标注册申请进行对款时，代理机构账户余额显示为250元，不足以支付此次商标注册申请的费用。因此，被申请人根据《商标法》第七十二条以及《商标法实施条例》第十八条、第九十七条的规定，于2018年1月9日对涉案商标的注册申请作出了无款不予受理的决定。申请人的复议理由为：一被申请人实际扣款程序设计不透明、不确定，有时账户对外显示余额与账户实际数额不一致；二被申请人应当先行通知申请人或代理人缴费。综上，请求撤销被申请人作出的无款不予受理决定。

经复议审理，行政复议机关决定撤销被申请人作出的涉案《无款不予受理通知书》。

▋焦点问题评析

该案的焦点问题是被申请人作出的具体行政行为是否合法、适当。

我们认为：

（1）行政机关作出行政行为应当遵循公开原则，确保行政行为的可预期性，充分保障行政相对人的知情权。

行政公开是指行政主体将行政权力运行的依据、过程和结果向行政相对人和社会公众公开，以满足公众的知情权，增加行政的透明度。在涉及行政相对人利益的行政程序中，只有在公开前提下，程序规定才能够对行政相对人产生约束力。被申请人在收缴费用的程序中，应当将缴费金额、缴费方式、缴费期限以及未按规定缴费的后果等，通过适当方式事先告知缴费人，该缴费程序的结果才能够对缴费人起到拘束作用。

根据行政复议机关复议查明的事实，被申请人长期以来对商标注册、异议、续展等各类商标业务采取由代理机构设立指定账户、预存费用，被申请人逐项扣减，月底对款的方式收缴。该收费方式未违反相关法律法规，且被申请人已事先公示，故收费方式本身不存在违法性，并且在一定程度上简化了缴费程序，提高了行政效率。但是，该种做法在实践中却存在一定的不确定性。申请人委托代理机构提出注册申请后，被申请人在代理机构指定账户的预付款中进行实际扣款时，并不按照业务申请的时间顺序扣款，同一业务的申请时间与扣款时间之间亦无相对固定的期限。由于被申请人实行月底对款而非实时对款，故代理机构在月底之前无法知晓哪项业务在该月进行了扣款。因此，代理机构以及申请人均无法确定被申请人将于何时对哪项商标业务进行扣款。扣款程序的不确定导致扣款结果亦存在随机性。例如被申人在代理机构汇款当时进行扣款，则账户余额充足，足以支付注册申请费用。而在账户余额出现不足时进行扣款，则会出现缴费不能的情况。而此时若非针对该案商标业务进行扣款，而是针对其他商标业务进行扣款，则可能导致其他业务被认定"未缴纳费用"的情况出现。因此，由于被申请人扣款时间的随机性，导致了"未缴纳费用"结果出现的偶然性。被申请人在其随机确定的扣款时间发现账户余额不足时，将该情况与随机扣款的某项商标业务建立联系，确定是正在扣款的当前业务未缴纳费用，依据不足。

（2）在行政程序未公开的情况下，行政机关在作出对行政相对人不利的决定前，应当给予行政相对人陈述意见和补救的机会。

《商标法实施条例》第十八条第二款规定，"商标注册申请手续齐备、按照规定填写申请文件并缴纳费用的，商标局予以受理并书面通知申请人；申请手续不齐备、未按照规定填写申请文件或者未缴纳费用的，商标局不予受理，书面通知申请人并说明理由。申请手续基本齐备或者申请文件基本符合规定，但是需要补正的，商标局通知申请人予以补正"。根据上述规定，缴纳商标费用确非可以补正的事项，但是其前提应当是在商标业务扣款程序公开、确定的情况下，当事人依然未缴纳费用，商标局则无义务通过发出补正通知等方式通知当事人予以补正，可以决定不予受理。

该案中，被申请人虽主张其已经对无款不予受理相关事宜尽到告知义务，但是该缴款程序确实存在未明确告知扣款期限等具体事宜的情形。在此情形下，若不通知申请人或其代理机构予以陈述意见或补救，直接认定"未缴纳费用"，将会损害申请人的合法权益。此种情况下，给予当事人补充预存款的机会并不等同于《商标法实施条例》第十八条第二款所规定的补正情形，而是保障行政相对人的合法权益免受损害的要求。申请人的代理机构预存款余额不足的情况不能等同于该案注册申请"未缴纳费用"的情形，被申请人不应将其作为该案注册申请不予受理的理由。故被申请人作出的具体行政行为有违程序公开原则，行政复议机关决定撤销其作出的涉案《无款不予受理通知书》。

思考与启示

在行政管理活动中，行政机关常会面临行政效率与行政公正的博弈。效率与公正是辩证的矛盾统一体，片面强调效率或者公正均无法实现行政管理活动的目标。

在处理商标规费缴费问题上，一件一缴并在每份缴费单上注明需要缴费的对象，由行政机关根据缴费单查验实际缴费情况无疑是最能体现行政公正的做法。但对办理大量商标业务的当事人，尤其是商标代理组织而言，一件一缴的方式无疑会造成沉重的工作负担，同时，一件一核的工作模式也极大降低行政部门的工作效率。为此，商标行政部门从工作实际出发，重点突破，有针对性地对商标代理组织采取预存扣缴的方式进行规费缴纳，不仅有利于减轻商标代理组织工作负担，而且也在很大程度上提高了行政效率，降低了行政成本，达到了行政效率与行政公正兼顾的良好效果。然而，该项制度在执行过程中也暴露出一些问题。如该案所涉的扣款余额不足的问题，这其中固然有商标代理组织自身的问题。因为对于商标代理组织而言，其接受被代理人委托从事商标代理活动，应当尽到代理之相当注意义务，其在提出申请之际即应在其账户中预存相对应的规费，始尽代理之责。然而，对于商标行政部门而言，在未明确告知相对人缴费期限和扣款方式等具体内容的情况下，径行依据自己随机扣款时的账户余额情况判定该件申请"未缴纳费用"而作出不予受理决定，程序不具完备。对于制度设计在实际运行中存在的问题，商标行政部门应当及时予以修正和完善，以期更好发挥制度功能。

（撰稿人：马岩岩）

行政行为合理性不容忽视

——邵某不服商标续展申请不予受理案

邵某（以下称"申请人"）不服原国家工商行政管理总局商标局（以下称"被申请人"）于 2013 年 10 月 18 日作出的商标续展申请不予受理决定，向行政复议机关提起行政复议。

经查，2002 年 1 月 21 日，申请人在第 21 类仿瓷器、化妆用具等商品上申请注册涉案商标。该商标于 2003 年 4 月 21 日被核准注册，商标专用权有效期为 2003 年 4 月 21 日至 2013 年 4 月 20 日。2013 年 9 月 9 日，申请人委托盐城某代理公司向被申请人提交了商标续展申请。被申请人经审查，认为该商标续展注册申请材料中未提供申请人有效的主体资格证明复印件，根据《商标法实施条例》第十八条的规定，于 2013 年 10 月 18 日向申请人作出续展申请不予受理决定。申请人不服被申请人作出的续展申请不予受理决定，认为被申请人在续展宽展期即将届满前 2 天作出续展不予受理决定，导致其商标无法重新提起续展申请，给其造成巨大损失。

经协调，被申请人决定给予申请人救济机会，本案以申请人撤回复议申请的方式结案。2014 年 3 月 14 日，申请人取得涉案商标续展注册证明，续展有效期自 2013 年 4 月 21 日至 2023 年 4 月 20 日。

焦点问题评析

该案的焦点问题是对商标续展宽展期内作出的商标续展申请不予受理决定如何看待。

《商标法》第二十七条规定，申请商标注册申报的事项应真实、准确、完整。《商标法实施条例》第十四条规定，申请商标注册的，申请人应提交能够证明其身份的有效证件的复印件。《商标法实施条例》第十八条规定，申请手续不齐备或未按规定填写申请文件的，商标局不予受理，书面通知申请人并说明理由。

被申请人于 2009 年 1 月 10 日对外公布的"如何申请续展注册商标"中明确要求，申请续展注册商标应提交申请人经盖章或签字确认的主体资格证明复印件。该案中，申请人在续展申请中未提交有效的主体资格证明文件复印件，不符合《商标法》和《商标法实施条例》的有关规定，因此被申请人作出不予受理决定具有合法性。但是行政复议除审查具体行政行为的合法性之外，亦应当审查具体行政行为的合理性问题。在商标续展申请中提交有效主体资格证明文件复印件是核实商标注册人真实意愿的当然要求，《商标法实施条例》中也有明确规定。该案中，申请人在续展申请中未提交有效主体资格证明文件复印件确实不符合相关法律规定，从合法性角度讲，被申请人作出续展申请不予受理决定并不违法。但是，从合理性角度讲，申请人是在续展宽展期内提交的续展申请，被申请人于续展宽展期届满前 2 天作出续展申请不予受理决定，考虑文件送达的在途时间等情况，此举将会直接导致申请人在宽展期内没有机会再次提出续展申请，没有机会再弥补续展申请中的瑕疵，从而导致注册商标权利的直接丧失。对申请人来说，因为续展申请中没有提交主体资格证明文件复印件这一瑕疵而给予剥夺注册商标权利的惩罚，显属过重。

因此，经过协调，被申请人同意收回该案续展申请不予核准决定，在申请人补交主体资格证明文件复印件的前提下，同意恢复续展受理审查。该案以申请人撤回复议申请的方式结案。

▊ ▎思考与启示

行政合理性原则，亦即合理行政，指的是行政法律关系当事人的行为，特别是行政机关的行为，不仅要合法而且要合理，也就是行政机关的自由裁量行为要做到合情、合理、恰当和适度。换言之，行政行为除了要符合法律规定的权限、内容、程序以外，还要符合合理性的要求，即符合行政法的原则、精神以及法之一般理性的要求，禁止行政主体滥用自由裁量权，侵害相对人合法权益和国家社会利益。具体说，行政合理性原则的要求包括以下几个方面：第一，适当性原则。行政主体在执行一项法律的时候，只能够使用那些适合于实现该法目的的方法，而且必须根据客观标准而不是根据行政主体的主观标准来判断决定某项措施是否适当。第二，必要性原则。行政主体在若干个适合用于实现法律目的的方法中，只能选择使用那些对个人和社会造成最小损害的措施，亦即这种损害是实现法律所必须的。第三，比例原则。行政主体应适当地平衡一种行政措施对个人造成的损害与对社会获得的利益之间的关系，禁止那些对个人损害已经超越社会就此获得利益的措施。

结合该案情况，申请人在提交商标续展时有瑕疵，商标局可以作出续展申请不予受理决定，但是该决定应及时作出，这样申请人还可以在续展宽展期内纠正瑕疵，再次提出续展申请。商标局在续展宽展期届满前 2 天才作出续展申请不予受理决定，申请人将不可能再次提出续展申请，使用 10 年的商标和商誉将归于无效。因申请人申请材料不符合形式要求就造成商标权利丧失的后果不符合比例原则。

（撰稿人：曹娜）

行政行为应符合必要性原则

——日本某公司不服商标注册申请不予受理案

基本案情

日本某公司（以下称"申请人"）不服原国家工商行政管理总局商标局（以下称"被申请人"）作出的三份《注册申请不予受理通知书》，向行政复议机关申请行政复议。

经查，2013 年 7 月 4 日，申请人在第 36 类金融服务、担保、典当等服务上申请注册 3 个涉案商标。2013 年 8 月 12 日，被申请人以"申请人名称应全部翻译为中文"为由作出了三份《注册申请不予受理通知书》。申请人认为，其名称中的英文字母部分为其字号，没有固定的中文含义，如果强制性翻译为中文，公司的中文名称将难以识别，相关公众也难以将商标与其企业名称对应起来，给社会公众带来极大困惑；其他行政审查程序允许企业名称包含外文字母，如果商标局强制要求商标申请人名称中不得有外文字母，极容易造成知识产权主体名称不一致的问题；《商标法》《商标法实施条例》《商标审查及审理标准》中没有关于商标申请人名称应全部翻译为中文的规定，《关于修订商标申请书式填写说明的说明》的第三条有相关规定，但未明确规定适用于外国申请人。

经复议审理，行政复议机关认为，涉案商标中英文字母部分为申请人字号，强制要求翻译成中文没有必要性。经协调，被申请人同意不再作强制要求，给予申请人救济。本案以申请人撤回复议申请的方式结案。2014 年 4 月 1 日，申请人受理了 3 个涉案商标注册申请。

焦点问题评析

该案的关键问题是商标注册申请人名称中含有不能翻译的英文字母是否符合受理条件。

根据被申请人当时的审查标准，《关于修订部分商标申请书式说明的公告》（工商标字〔2010〕100 号）所列商标注册申请书（书式二）填写说明第 2 项"申请人名称应当分别用规范的汉字和英文填写，不得含有其他国家的文字"的规定，在商标注册申请书（书式二）的书式审查工作中，被申请人对商标注册申请书（书式二）作如下要求："申请人名称（中文）"一栏中填写内容必须全部为汉字，不得含有英文或其他国家的文字；申请人可以根据自身意愿进行翻译，不须翻译为英文或其他外文读音对应的汉字；考虑到数据库里存在部分外国申请人中文名称中含有英文字母的历史遗留问题，对该部分外国申请人的新商标注册申请件予以受理，但"申请人名称（中文）"一栏填写内容必须与数据库中记录数据一致。行政复议机关经审查认为，外国公司名称中有无固定中文含义的英文字母的，不宜要求全部翻译为中文。该案以被申请人恢复受理，申请人撤回行政复议申请的方式结案。

思考与启示

行政行为除了要符合法律规定的权限、内容、程序以外，还要符合合理性的要求，即符合行政法的原则、精神以及法之一般理性的要求，禁止行政主体滥用自由裁量权，侵害相对人合法权益和国家社会利益。必要性原则是行政行为合理性原则的要求之一。具体而言，行政主体在若干个适合用于实现法律目的的方法中，只能选择使用那些对个人和社会造成最小损害的措施，亦即这种损害是实现法律所必需的。

结合该案情况，强制将申请人字号中的无固定中文含义部分翻译为中文并无必要，反而可能造成与其他部门中登记的名称不符，给申请人增加额外负担，也难以使消费者把申请人提供的服务与申请人字号联系起来，不利于申请人商誉的积累，有违商标制度设立的初衷。经过与商标局讨论研究，形成以下处理意见：外国申请人在填写商标注册申请书（书式二）"申请人名称（中文）"一栏时，原则上应该填写中文名称；根据申请人自身在中国大陆地区经营需要，其名称中的字号部分可以填写为英文。如申请人名称无法判断字号部分，则作为个案研究处理。

（撰稿人：曹娜）

具体行政行为应符合比例原则

——大连某公司不服商标注册申请不予受理案

▌基本案情

大连某公司（以下称"申请人"）不服原国家工商行政管理总局商标局（以下称"被申请人"）2015 年 7 月 20 日作出的商标注册申请不予受理决定，向行政复议机关提起行政复议申请。

经查，2015 年 7 月 13 日，申请人委托某专利事务所在第 28 类体育用品商品上申请注册涉案商标。申请人提交的商标注册申请书的国内接收人地址栏中填写了其委托代理人某专利事务所的地址。被申请人经审查认为，申请人系国内申请人，不属于《商标法实施条例》第五条规定的可以填写国内接收人的申请人范围，根据《商标法实施条例》第十八条的规定，于 2015 年 7 月 20 日向申请人作出了商标注册申请不予受理决定。

经复议审理，行政复议机关作出复议决定，撤销了被申请人的注册申请不予受理决定。

▌焦点问题评析

该案的焦点问题是在商标注册形式审查中，商标注册申请文件有瑕疵的，商标局是否应按照《商标法实施条例》第十八条第二款的规定给予补正机会。

《商标法》第二十七条规定："为申请商标注册所申报的事项和所提供的材料应当真实、准确、完整。"《商标法实施条例》第十八条第二款规定："商标注册申请手续齐备、按照规定填写申请文件并缴纳费用的，商标局予以受理并书面通知申请人；申请手续不齐备、未按照规定填写申请文件或者未缴纳费用的，商标局不予受理，书面通知申请人并说明理由。申请手续基本齐备或者申请文件基本符合规定，但是需要补正的，商标局通知申请人予以补正，限其自收到通知之日起 30 日内，按照指定内容补正并交回商标局。在规定期限内补正并交回商标局的，保留申请日期；期满未补正的或者不按照要求进行补正的，商标局不予受理并书面通知申请人。"《商标法实施条例》第五条第三款规定，"申请商标注册或者转让商标，商标注册申请人或者商标转让受让人为外国人或者外国企业的，应当在申请书中指定中国境内接收人负责接收商标局、商标评审委员会后继商标业务的法律文件"。

《商标法实施条例》第十八条虽然未对补正的具体情形作明确规定，但是从条例规定的文义来看，在进入实质审查前，申请手续和文件存在瑕疵的，应该给予申请人补正的机会。该案中，申请人虽然不属于《商标法实施条例》第五条规定的应填写国内接收人和国内接收地址的外国人或外国企业，但是其在国内接收人地址栏中填写的内容并不妨碍商标注册实质审查，应属于《商标法实施条例》第二款规定的"申请手续基本齐备或者申请文件基本符合规定"的情形。即使商标局认为该国内接收人地址栏不应填写，也应当按照《商标法实施条例》第十八条第二款的规定通知申请人补正。商标局未通知申请人补正，直接作出注册申请不予受理决定违反法定程序。因此，行政复议机关撤销了商标局的注册申请不予受理决定。

思考与启示

具体行政行为除应符合合法性要求外，还应符合合理性要求。合理性中包含比例原则，即行政主体应适当地平衡一种行政措施对个人造成的损害与对社会获得的利益之间的关系，禁止那些对个人损害已经超越社会就此获得利益的措施。具体到该案，商标注册申请文件所需填写内容众多，但并非所有内容均为确定商标权利内容的关键信息，该案申请人填写的申请文件具有瑕疵（多填了不应填写的内容），但该微小瑕疵并不影响商标局的实质审查，商标局完全可以根据《商标法》第十八条第二款的规定要求申请人补正。商标局直接不予受理注册申请将直接导致申请人申请日的丧失，申请人填写申请文件的微小瑕疵导致申请日丧失这一严重后果不符合比例原则。

（撰稿人：曹娜）

商标注册人的信赖利益应予以保护

——河南 C 市养蜂场不服商标续展申请不予核准案

基本案情

河南省 C 市养蜂场（以下称"申请人"）不服原国家工商行政管理总局商标局（以下称"被申请人"）2012 年 8 月作出的商标续展申请不予核准决定，向行政复议机关申请行政复议。

经查，申请人于 1991 年 10 月 15 日在第 30 类蜂蜜商品上申请注册涉案商标。1992 年 9 月 30 日被申请人核准涉案商标注册，有效期至 2002 年 9 月 29 日。1996 年 12 月 6 日，案外人张某对该商标提出了撤销三年未使用申请。被申请人经审查，于 1997 年 12 月 11 日作出了撤销涉案商标的决定。2002 年 9 月 23 日，申请人向被申请人提出了续展申请，因当时被申请人电子系统正处于一二期转换过程中，撤销涉案商标的相关信息未能进入新系统，因此被申请人对该续展申请予以核准。2012 年 4 月 6 日，因 10 年商标专用权期限又即将到期，申请人再次向被申请人提出了续展申请，2012 年 8 月 2 日，被申请人作出了不予核准涉案商标续展的决定，理由为：该商标已被撤销。申请人的复议理由为：如果涉案商标已被撤销，第一次续展就不应被核准。既然被申请人核准了第一次续展申请，该续展就应被视为有效。综上，请求撤销被申请人续展申请不予核准决定。

经复议审理，行政复议机关作出复议决定，撤销了被申请人续展申请不予核准决定，被申请人于 2013 年 4 月向申请人颁发《核准续展注册证明》，涉案商标有效期续展至 2022 年 9 月 29 日。

焦点问题评析

该案的焦点问题在于如何看待被申请人第一次错误续展决定的法律性质和所造成的法律后果。

该案被申请人答辩称，涉案商标已被 1997 商标变字第 6××号撤销决定予以撤销，被申请人作出的不予核准续展决定并无不当。2002 年作出的续展决定确有失误，但该决定不能改变该商标已经被撤销的事实，因此请求维持不予核准续展决定。行政复议机关经审查认为，被申请人因为自身工作失误于 2002 年错误续展了涉案商标。根据信赖利益保护原则，行政相对人基于行政主体所实施的行政行为的效力而产生合理的信赖利益，行政主体对相对人的信赖利益应予以保护，不应任意变动既存的法律状态，即使出于其他合理利益的考虑不得不进行变动时也要给予无过错并抱有合理信赖的相对人相应的补偿。该案中，申请人在复议中提供的使用和获奖证据可以表明，申请人基于对被申请人商标续展行为效力的信赖于 2002 年至 2012 年 10 年间持续使用该商标，并取得了一定的市场影响力。如果仅仅考虑涉案商标被撤销的法律事实，而不考虑申请人 10 年经营投入的成本和已经取得的商誉，直接不予核准续展该商标，将不符合行政法上信赖利益保护原则，因此行政复议机关撤销了被申请人的续展申请不予核准决定。

思考与启示

当今社会主义市场经济稳步发展，行政机关与行政相对人的关系也被定位于"服务—合作"的关系。这种新型关系的确定意味着公共利益与个人利益的可平衡性，意味着政府与公众必须相互信任与支持。政府应该对相对人基于对其信赖而产生的信赖利益予以保护。1999 年 11 月最高人民法院通过的《关于执行中华人民共和国行政诉讼法若干问题的解释》中有了体现信赖保护原则的规定。2004 年 7 月 1 日实施的《行政许可法》中第一次出现了信赖保护的条文，标志着行政法上的信赖保护原则在我国行政法上得到确定。十届全国人大二次会议通过了《中华人民共和国宪法修正案》，其中也体现了信赖保护原则。具体来说，信赖利益保护原则可以阐释为，行政相对人基于行政主体所实施的行政行为的效力性而产生合理的信赖利益，行政主体对相对人的信赖利益应予以保护，不应任意变动即存的法律状态，即使出于其他合理利益的考虑不得不进行变动时也要给予无过错并抱有合理信赖的相对人相应的补偿。

信赖利益保护原则在注重行政效率、维护公共利益的同时，更强调公正，强调对处于弱势地位的相对人的合理利益的保护，它体现了现代法治公正、平等、人权等基本精神。信赖保护原则在我国行政立法中的确立无疑将对我国的政府建设、法治观念产生深远的影响，具有十分重大的理论和现实意义。

（撰稿人：曹娜）

非规范商品填报的注意事项

——某公司不服商标注册申请不予受理案

　　某公司（以下称"申请人"）不服原国家工商行政管理总局商标局（以下称"被申请人"）于 2015 年 1 月 15 日作出的商标注册申请不予受理决定，向行政复议机关提起行政复议。

　　经查，2014 年 7 月 23 日，申请人委托商标代理机构申请涉案商标注册，指定服务为第 40 类定造游艇、研磨抛光、配钥匙、织物防水处理、木器制作、书籍装订、玻璃窗着色处理（表面涂层）、烧制陶器、油料加工、剥制加工、皮革染色、图样印刷、废物和垃圾的回收、空气净化、水处理、发电机出租。被申请人经审查认为，该申请所申报的部分服务项目不规范，于 2014 年 12 月 6 日向申请人发出了《商标注册申请补正通知书》，主要内容为"'定造游艇服务'不规范，应按规范的名称申报"。2014 年 12 月 25 日，申请人将《商标注册申请补正通知书》交回，修正后的项目为"定做游艇（替他人）"，商标局认为表述虽明晰准确，但已不属其申请类别，而是属于第 37 类服务，属于不按照要求进行补正的情形。据此，根据《商标法实施条例》第十八条的规定，被申请人向申请人发出了商标注册申请不予受理决定。申请人的复议理由为，被申请人的注册申请不予受理决定违反行政法合理行政及比例原则，会导致申请人申请日丧失，应当继续补正而不是不受理；被申请人的补正通知要求本身不明确，申请人按自己的理解回复补正并无不妥；对商品和服务是否规范及如何修改才满足规范条件，被申请人应当提供相应的意见，对不合规范的商品或服务，被申请人可以视为申请人放弃该项商品或服务，而不是对申请商品或服务全部不予受理。综上，请求撤销商标局注册申请不予受理决定。

经复议审理，行政复议机关作出复议决定，维持了商标注册申请不予受理决定，申请人并未就此提起行政诉讼。

▌焦点问题评析

该案的焦点问题有两个：一是应如何申报商品/服务项目；二是申报不合格有几次补正机会。

第一，应如何申报商品/服务项目。商品/服务项目申报是商标注册的第一步，也是商标局形式审查要解决的重要问题。一般来说，《类似商品和服务区分表》（以下简称《区分表》）中的商品和服务，是商标主管部门为了商标检索、审查、管理工作的需要，总结多年来的实践工作经验，并广泛征求各部门的意见，把某些存在特定联系、容易造成误认的商品或服务组合到一起，编制而成。因此，《区分表》可以作为商标注册申请人、商标代理人以及商标审查人员的重要参考。《区分表》中的商品或服务，通常称为规范的商品或服务，属于《区分表》中规范商品和服务的，一般应按照规范名称进行申报。

但是《区分表》中的商品和服务毕竟有限，总共只有1万多个，随着实践和科技的发展，市场上经常会出现新的产品，《区分表》虽然也会修订和变化，但是仍然无法囊括全部商品或服务。非规范商品或服务因名称表述模糊，审查员通常难以通过名称确定商品功能用途、所属类别等，也就难以提供具体的补正意见。因此，商标注册申请人在申报《区分表》中没有的商品或服务（非规范商品或服务）时，需要注意以下几点：

一是应当充分研究《区分表》，将非规范商品进行恰当的表述，方便审查员将商品或服务归入相应类别。举例说明，有商标注册申请人申请了"焕肤仪"这一非规范商品，但是仅通过这个商品名称表述并不能使审查员明确这是更偏向于医院用的医疗器械（第10类）还是类似于家用的化妆工具（第3类），因此很难被接受。

二是应当正确理解"商品或服务的说明"。有的商标注册申请人意图通过长篇的商品说明来解决此类问题。虽然《商标法实施条例》第十五条明确规定了商品或服务项目名称未列入商品和服务分类表的，应当附送该商品或者服务的说明。但是需要明确的是，这里的商品说明仅起到帮助审查员了解所申报商品的作用，所申报的商品名称才是将来要列入商标注册证中，并作为商标专用权保护的部分，因此，根据商品名称的表述不能明确归入《区分表》中某类商品的，即使有商品说明，也仍然不能被接受。

三是并不一定众所周知的新的产品名称就一定可以作为商品名称被接受，因为产品名称通常也具有模糊的特点，并不一定能够很好地阐述商品的特点。

第二，商品/服务项目不合格需要补正的，仅有一次补正机会。

《商标法实施细则》第十八条规定，"申请手续基本齐备或者申请文件基本符合规定，但是需要补正的，商标局通知申请人予以补正，限其自收到通知之日起30日内，按照指定内容补正并交回商标局。在规定期限内补正并交回商标局的，保留申请日期；期满未补正的或者不按照要求进行补正的，商标局不予受理并书面通知申请人"。

按照此项规定，被申请人并无义务对不符合补正要求的申请件再次发补正通知；《商标法》和《商标法实施条例》中也没有视为放弃部分不合要求的商品或服务项目的规定。该案中，申请人补正的服务项目"定做游艇（替他人）"已经超出了其申报的第 40 类服务的范围，属于第 37 类服务，应当属于补正不符合要求的情形。被申请人按照《商标法实施细则》第十八条规定不予受理注册申请于法有据，并无不当。因此，行政复议机关维持了被申请人的注册申请不予受理决定。

┃思考与启示

虽然行政法上对具体行政行为有合法性和合理性要求，合理性要求中又包含适当、必要、比例等几项原则，但是具体到商标授权确权程序中，商标局作出的具体行政行为具有专业性、科学性等特点。这就对行政相对人也提出了更高的要求。具体而言，商标权属于知识产权，知识产权的拥有者通常有经济能力委托专业的机构来帮助其完成商标授权确权中的各种申请程序，这就要求商标代理机构业务精湛，熟知该领域中的专业术语、最新变化，甚至在多次的业务委托过程中积累经验，以便更好地为委托人提供服务，提高商标注册申请的成功率。

（撰稿人：曹娜）

行政行为须送达才对行政相对人产生法律效力

——日本某公司不服视为放弃商标注册申请案

日本某公司（以下称"申请人"）不服原国家工商行政管理总局商标局（以下称"被申请人"）作出的三份《视为放弃商标注册申请通知书》，向行政复议机关提起行政复议申请。

经查，2013 年 3 月 13 日，申请人在第 7 类药片切割装置、包装机等商品上申请注册 3 个涉案商标。被申请人经审查认为，上述商标注册申请所申报的部分商品名称不规范，先后 4 次向申请人发出了《商标注册申请补正通知书》，申请人均在期限内进行了补正。但被申请人认为最终补正的商品名称仍然不规范，根据 2002 年 9 月 15 日起施行的原《商标法实施条例》第十八条的规定，于 2015 年 3 月 12 日作出 3 份《视为放弃商标注册申请通知书》，该通知书于 2015 年 4 月 15 日从被申请人处寄出。2015 年 4 月 2 日，申请人向被申请人提交了删减商品/服务项目申请。2015 年 4 月 24 日，申请人收到了被申请人发出的《视为放弃商标注册申请通知书》。申请人的复议理由为，在申请人明确提交删减商品申请后，被申请人仍然作出视为放弃商标注册申请决定于法无据。

经复议审理，行政复议机关认为在申请人提交了删减商品/服务项目申请之后才发出的《视为放弃商标注册申请通知书》不对申请人发生法律效力，撤销了被申请人的具体行政行为。2015年5月4日，被申请人受理了申请人提出的删减商品/服务项目申请。

焦点问题评析

该案的焦点问题是被申请人作出的视为放弃商标注册申请决定在申请人的删减商品项目申请之后发出，对申请人是否应发生法律效力。

《商标法实施条例》第十七条第一款规定："申请人变更其名义、地址、代理人、文件接收人或者删减指定的商品的，应当向商标局办理变更手续。根据该规定，申请人有权利删减指定的商品项目。"

该案中，申请人经过多次补正仍不能达到被申请人的补正要求，其提出删减商品项目的申请符合《商标法实施条例》第十七条的规定。被申请人虽于申请人提出删减商品项目申请前作出了视为放弃商标注册申请决定，但该决定一直没有发出，未对申请人产生法律效力。在申请人于2015年4月2日已经提出了商品删减申请的情况下，被申请人于2015年4月15日才发出视为放弃商标注册申请决定。被申请人未及时发出文件导致申请人的删减商品项目的权利丧失，从而可能对申请人权益造成不良影响。因此，被申请人作出的视为放弃商标注册申请决定违反法定程序，行政复议机关撤销了被申请人的视为放弃商标注册申请决定。

思考与启示

送达是连接行政主体和行政相对人的重要法律途径，经送达完成，才能推定行政相对人对具体行政行为的发生和内容已经知晓，才有可能对行政相对人发生法律效力。一般送达方式主要有：直接送达、留置送达、邮寄送达、公告送达等。在商标授权确权案件中，商标局一般优先采用邮寄送达的方式，其次是公告送达。无论采用何种方式，商标授权确权案件中的行政决定、行政裁决都必须按法定程序送达至行政相对人才能生效。未按法律程序送达的法律文书对行政相对人不发生法律效力。

结合该案情况，商标局虽然在申请人提出删减申请前就作出了视为放弃商标注册申请决定，但该决定一直没有发出，并未对申请人发生法律效力。在申请人提出删减申请后，被申请人应受理该申请并作实质审查，不应再径直作出视为放弃商标注册申请决定。

（撰稿人：曹娜）

代理人不得伪造商标核准续展注册证明文件

——某合金有限责任公司不服商标续展申请不予核准案

基本案情

2015 年 12 月 14 日，某合金有限责任公司（以下称"申请人"）不服原国家工商行政管理总局商标局（以下称"被申请人"）作出的《商标续展申请不予核准通知书》，向行政复议机关申请行政复议。

经查，2015 年 12 月 14 日，申请人委托某商标事务所有限公司向被申请人提交第 2×××××号商标（以下称"涉案商标"）的续展申请。被申请人经审查认为，商标档案中记载涉案商标注册人为某合金厂。因此，2016 年 11 月 24 日，被申请人以"申请人名称和我局档案中登记的注册人名称不符，如属注册号填写错误，请重新提交申请"为由，对申请人的涉案商标续展申请作出不予核准决定。

2017 年 2 月 8 日，申请人向行政复议机关提出行政复议申请，其主张被申请人已于 2003 年 10 月 30 日核准了其注册人名义变更，注册人名义由"某合金厂"变更为"某合金有限责任公司"。且被申请人已于 2006 年 7 月 2 日核准过涉案商标的续展申请，并提交了相应的续展核准证明。因此，被申请人本次作出的续展不予核准决定明显存在违法。综上，请求撤销被申请人作出的续展不予核准决定。

行政复议机关经审理查明，被申请人确已于 2003 年 10 月 30 日核准了申请人的注册人名义变更。因此，被申请人不应以申请人名称和被申请人档案中登记的注册人名称不符为由，不予核准涉案商标续展申请。但是因代理人曾经伪造了涉案商标的核准续展证明，造成此次申请续展时该商标已因超期未续展而成为无效商标，故被申请人作出的不予核准续展申请决定结论正确，仅不予核准的理由存在瑕疵，该瑕疵并未对申请人的权利义务产生实质影响。因此，本案变更了被申请人作出的具体行政行为，将涉案商标续展申请不予核准的理由变更为"涉案商标为无效商标，无法进行续展"。申请人就此未提起行政诉讼。

焦点问题评析

该案的焦点问题是被申请人作出的续展不予核准决定是否合法、适当。

第一，经审理查明，申请人确于 2003 年提交了涉案商标的注册人名义变更申请，申请将注册人名义由某合金厂变更为某合金有限责任公司。被申请人已于 2003 年 10 月 30 日予以核准。因此，被申请人以申请人名称和被申请人档案中登记的注册人名称不符为由，不予核准涉案商标续展申请的决定有误。

第二，根据复议查明的事实，涉案商标第一次续展的有效期到 2005 年 2 月 26 日截止，而申请人提交的第二次核准续展的证明有效期自 2006 年 7 月 2 日开始，前后时间不接续。在商标信息管理系统中和被申请人的档案里均没有申请人于 2006 年提交过续展申请的证据，申请人亦提交不出其他可以证明当时其提交过续展申请的证据。根据以上情况，无证据表明申请人在 2006 年向被申请人提交过续展申请。因此，涉案商标自 2005 年 2 月 26 日有效期届满后，因期满未续展，已经无效。对于无效商标，被申请人无法进行续展。故被申请人应以无效商标无法进行续展为由对涉案商标续展申请作出不予核准的决定。

综上，被申请人作出续展申请不予核准的决定结论正确。故行政复议机关从行政效率的角度出发，认为在续展申请不予核准的理由有瑕疵，但该瑕疵并未对申请人的权利义务产生实质影响的情况下，根据《行政复议法》第二十八条第一款第（三）项规定，直接对被申请人的具体行政行为作出了变更的决定。

思考与启示

在该案审理过程，我们发现申请人在申请第一次续展时委托的代理机构（非该案代理机构）涉嫌伪造、变造商标证明文件。在审查申请人提交的盖有商标局章戳的《核准续展注册证明》时，我们通过比对章戳发现，该《核准续展注册证明》上的商标局公章与商标局的真实公章不一致，且续展的前后时间不接续。同时无论是商标局审查系统、涉案商标的相关档案材料还是申请人本人，均没有找到申请人于2006年提交过续展申请的证据。

我们曾就该核准续展证明与申请人电话联系，申请人反映该核准续展证明是由当时的委托代理机构交给他们的。为查明涉案商标续展的事实情况，他们一方面给商标局去函，希望能在档案中查找到关于续展申请的材料，但商标局档案里无相关材料；另一方面与当时的代理机构积极联系，但后因代理人电话一直停机失去联系，因而目前的申请均委托新的代理人进行办理。

综合上述情况判断，申请人当时委托的代理机构没有就涉案商标的续展提交过申请。申请人从该代理机构处拿到的涉案商标《核准续展注册证明》应为该代理机构伪造或者变造的。因此，为了更好地保障自身合法商标权益，在此提醒广大申请人，一是选择商标注册、续展、转让、变更等程序的委托代理人时，一定要认真谨慎；二是在每项程序启动后，要及时在中国商标网上追踪相关流程信息；三是在收到委托代理人给出的相关法律文书后，要及时上网核查相关情况是否真实、可靠；四是在发现委托代理人存在伪造或者变造法律文书等违法情况后，要及时向商标注册管理部门进行反映。

（撰稿人：何潇）

商标网上申请遗漏行政区划的处理

——某有限公司不服商标注册申请不予受理案

基本案情

2014 年 8 月 13 日，某有限公司（以下称"申请人"）不服原国家工商行政管理总局商标局（以下称"被申请人"）作出的《商标注册申请不予受理通知书》，向行政复议机关申请行政复议。

经查，申请人在网上提交涉案商标注册申请时，在申请系统里勾选了行政区划，而未在申请系统中完整填写包含行政区划的申请人地址。被申请人经审查认为，申请人未按照规定填写申请书，故根据《商标法实施条例》第十八条的规定，被申请人对申请人涉案商标的注册申请作出不予受理的决定。申请人的复议理由为：在原有网上申请系统中勾选行政区划后，申请人地址一栏会自动生成该行政区划，无需重复填写，且申请人未按照规定在申请人地址前冠以省、市、县等行政区划名称并不违反《商标法实施条例》第十八条中"基本齐备""基本符合规定"的标准。故请求撤销被申请人作出的注册申请不予受理决定。

经协调，申请人撤回本案行政复议申请并补正相关内容后，被申请人对申请人的补正后的注册申请进行审查。

焦点问题评析

该案的焦点问题在于商标注册申请人在提交网上申请时未按照规定在申请人地址前冠以省、市、县等行政区划名称是否符合受理条件，是否应予补正。

《商标法实施条例》第十八条第二款规定："商标注册申请手续齐备、按照规定填写申请文件并缴纳费用的，商标局予以受理并书面通知申请人；申请手续不齐备、未按照规定填写申请文件或者未缴纳费用的，商标局不予受理，书面通知申请人并说明理由。申请手续基本齐备或者申请文件基本符合规定，但是需要补正的，商标局通知申请人予以补正，限其自收到通知之日起30日内，按照指定内容补正并交回商标局。在规定期限内补正并交回商标局的，保留申请日期；期满未补正的或者不按照要求进行补正的，商标局不予受理并书面通知申请人。"因此，申请手续是否基本齐备或者申请文件是否基本符合规定是注册申请形式审查中判断是否应予补正的基础。

就该案而言，考虑到商标注册申请人在提交网上申请时已经勾选过行政区划，由于商标注册与管理系统的升级造成在申请人地址一栏中无法自动生成该信息，此类情形应属于《商标法实施条例》第十八条规定的"基本齐备""基本符合规定"的情形。经与被申请人沟通，被申请人同意给予申请人补正机会。

思考与启示

我们注意到，在新法实施的初始阶段和商标注册与管理自动化系统的升级阶段，商标注册申请不予受理的行政复议案件数量出现较大幅度增长，且问题相对集中。其中，自 2014 年 8 月 13

日起，行政复议机关已收到 48 件申请人因未按照规定在申请人地址前冠以省、市、县等行政区划名称被不予受理的行政复议案。此类注册申请不予受理的情形均是由于申请人提交商标注册网上申请时，在申请系统中勾选了行政区划，而未在申请人地址一栏完整填写包含行政区划的申请人地址造成的。考虑到申请日期对于商标注册申请人维护自身商标权益起着至关重要的作用，经与被申请人积极沟通，就该问题达成以下处理意见：对于已出现的案件，以申请人补充提交包含行政区划的完整申请人地址，被申请人恢复受理，申请人撤回行政复议申请的方式结案。对于商标注册与管理自动化系统升级中出现的问题，被申请人督促程序研发部门尽快修改完善，以保障商标注册申请人的合法权益。

　　商标行政复议是解决商标行政纠纷的重要渠道。在复议过程中，我们应当注重发挥渠道作用，积极主动与双方当事人沟通交流，有效解决复议中出现的系列案件和突出问题。一方面，与被申请人召开联席会议就典型案件进行重点沟通，形成一揽子解决方案，统一商标审查标准；另一方面，及时与申请人反馈解决途径，通过和解方式妥善化解矛盾纠纷。通过主动协调沟通，充分发挥复议机关定纷止争的关键作用，大大节约了行政资源，兼顾了行政效率与公平正义的双重价值。

（撰稿人：何潇）

外国（地区）企业常驻代表机构
不能作为商标注册人

——某株式会社厦门代表处不服商标注册申请不予受理案

基本案情

2016年8月29日，某株式会社厦门代表处（以下称"申请人"）不服原国家工商行政管理总局商标局（以下称"被申请人"）作出的《商标注册申请不予受理通知书》，向行政复议机关申请行政复议。

经查，申请人提交了涉案商标的注册申请。被申请人经审查认为，申请人为某株式会社厦门代表处，所提交主体资格证明文件为外国（地区）企业常驻代表机构登记证，不符合商标申请受理的条件和规定。因此，根据《商标法实施条例》第十八条的规定，被申请人对申请人涉案商标的注册申请作出不予受理的决定。申请人的复议理由为，其符合申请注册商标的主体资格要求。

经复议审理，行政复议机关作出维持被申请人具体行政行为的决定，申请人就此未提起行政诉讼。

焦点问题评析

该案的焦点问题是申请人是否具备申请注册商标的主体资格。

《商标法》第四条规定，"自然人、法人或者其他组织在生产经营活动中，对其商品或者服务需要取得商标专用权的，应当向商标局申请商标注册"。上述规定表明，注册申请人的主体应为自然人、法人或者其他组织；注册申请商标的目的在于，在生产经营活动中使用时能够识别其商品或服务的来源。申请人为某株式会社在我国的代表机构，根据《外国企业常驻代表机构登记管理条例》的规定，其不能从事生产经营活动，不具备《商标法》第四条规定的申请注册商标的主体资格，故申请人不能以代表处名义向被申请人提出商标注册申请。被申请人针对涉案商标注册申请作出的不予受理决定于法有据，并无不当。

根据《行政复议法》第二十八条第一款第（一）项的规定，维持被申请人作出的具体行政行为。

▌思考与启示

判断申请人是否具有申请注册商标的主体资格应当看是否满足下述两个条件：是否为自然人、法人或其他组织；是否从事生产经营活动。

第一，外国（地区）企业常驻代表机构不属于法人。根据《外国企业常驻代表机构登记管理条例》第二条规定："本条例所称外国企业常驻代表机构（以下简称"代表机构"），是指外国企业依照本条例规定，在中国境内设立的从事与该外国企业业务有关的非营利性活动的办事机构。代表机构不具有法人资格。"

第二，外国（地区）企业常驻代表机构不属于其他组织。最高人民法院《关于适用〈中华人民共和国民事诉讼法〉若干问题的意见》第四十条规定："民事诉讼法第四十九条规定的其他组织是指合法成立、有一定的组织机构和财产，但又不具备法人资格的组织，包括：（1）依法登记领取营业执照的私营独资企业、合伙组织；（2）依法登记领取营业执照的合伙型联营企业；（3）依法登记领取我国营业执照的中外合作经营企业、外资企业；（4）经民政部门核准登记领取社会团体登记证的社会团体；（5）法人依法设立并领取营业执照的分支机构；（6）中国人民银行、各专业银行设在各地的分支机构；（7）中国人民保险公司设在各地的分支机构；（8）经核准登记领取营业执照的乡镇、街道、村办企业；（9）符合本条规定条件的其他组织。"外国（地区）企业常驻代表机构为外国企业在中国境内设立的，从事与其业务有关的非营利性活动的办事机构，不符合上述关于其他组织的规定，不属于其他组织。

第三，外国（地区）企业常驻代表机构不能从事生产经营活动。《外国企业常驻代表机构登记管理条例》第十三条规定："代表机构不得从事营利性活动。中国缔结或者参加的国际条约、协定另有规定的，从其规定，但是中国声明保留的条款除外。"第十四条规定："代表机构可以从事与外国企业业务有关的下列活动：（一）与外国企业产品或者服务有关的市场调查、展示、宣传活动；（二）与外国企业产品销售、服务提供、境内采购、境内投资有关的联络活动。法律、行政法规或者国务院规定代表机构从事前款规定的业务活动须经批准的，应当取得批准。"上述规定表明，代表机构是从事与该外国企业业务有关的非营利性活动的办事机构，其从事的活动主要包括市场调查、展示、宣传活动，联络活动等，并不从事生产经营活动。

（撰稿人：何潇）

商标网上申请数据上传错误应给予补正机会

——某有限公司不服商标注册申请不予受理案

基本案情

2015 年 11 月 10 日，某有限公司（以下称"申请人"）不服原国家工商行政管理总局商标局（以下称"被申请人"）作出的《商标注册申请不予受理通知书》，向行政复议机关申请行政复议。

经查，2015 年 8 月 27 日，申请人提交了涉案商标的注册申请。被申请人经审查认为，申请人通过中国商标网网上申请上传的《商标代理委托书》未记载所代理的商标名称（上传的为错误字符），代理内容及权限不完整。根据《商标法实施条例》第十八条规定，被申请人作出了注册申请不予受理决定。申请人的复议理由为，其上传的委托书上载明了委托权限和委托内容，即使被申请人认为内容不完整，也应要求申请人补正而非不予受理。因此，请求撤销被申请人注册申请不予受理决定。

经复议审理，行政复议机关作出撤销被申请人具体行政行为的决定，申请人就此未提起行政诉讼。

焦点问题评析

该案的焦点问题是被申请人作出的注册申请不予受理决定是

否合法、适当。

《商标法》第二十七条规定："为申请商标注册所申报的事项和所提供的材料应当真实、准确、完整。"《商标法实施条例》第十八条第二款规定，申请手续基本齐备或者申请文件基本符合规定，但是需要补正的，商标局通知申请人予以补正，限其自收到通知之日起30日内，按照指定内容补正并交回商标局，未按照要求进行补正的，商标局不予受理并书面通知申请人。

申请人通过网上申请上传的代理委托书中商标名称和落款日期均为错误字符。但通过商标注册申请书看，可以确定申请人提交的是涉案商标注册申请，再结合申请人复议中提交的证据，代理委托书上的错误字符应是上传中电子系统出现错误所致。被申请人直接因该瑕疵作出不予受理决定，导致涉案商标申请注册日的丧失，不符合行政法上的比例原则。被申请人应当根据《商标法实施条例》第十八条第二款的规定通知申请人就该瑕疵进行补正。因此，被申请人未给予申请人补正机会，直接作出注册申请不予受理决定违反法定程序。

根据《行政复议法》第二十八条第一款第（三）项规定决定，撤销被申请人所作出的具体行政行为。

思考与启示

《商标法》第二十二条第三款规定："商标注册申请等有关文件，可以以书面方式或者数据电文方式提出。"《商标法实施条例》第八条规定："以商标法第二十二条规定的数据电文方式提交商标注册申请等有关文件，应当按照商标局或者商标评审委员会的规定通过互联网提交。"近年来，随着现代信息技术的迅猛发展，通过数据电文方式提交商标注册申请文件的条件日益成熟，因此，在《商标法》第三次修改时新增了网上申请的做法，丰富了商标注册申请的提交方式，既方便了商标注册申请人办理申请手续，也减少了商标审查的行政成本，提高了商标审查的工作效率，有力推进了商标注册便利化改革。

同时，考虑到计算机系统和网络技术等存在一定的不稳定因素，《商标法实施条例》第九条第三款作出如下规定："以数据电文方式提交的，以商标局或者商标评审委员会数据库记录为准，但是当事人确有证据证明商标局或者商标评审委员会档案、数据库记录有错误的除外。"被申请人在中国商标网上公布的《商标网上申请暂行规定》第六条亦规定，提交商标注册网上申请，申请信息以商标局的数据库记录为准。但是当事人确有证据证明商标局数据库记录有错误的除外。但书的规定是对申请人权利的充分保障，申请人若能够提供证据证明数据库确有错误，则被申请人应当给予其权利救济。该案中，结合商标注册申请书和申请人复议提交的证据来看，可以证明代理委托书中的错误确为电子系统出错所致，该错误的不利后果不应由申请人承担，而应当给予其补正该错误的机会。

在复议实务中，对于商标注册申请文件中存在的一些错误，如注册申请的代理委托书中委托人国籍、商标名称未填写或填写内容有误的，代理事项未勾选或勾选有误等，我们认为均不属于影响审查的实质性错误，根据《商标法实施条例》第十八条第二款的规定，被申请人应就上述错误给予申请人一次补正机会。

（撰稿人：何潇）

异议申请书首页填写不规范的处理

——某酒业有限责任公司不服商标异议申请不予受理案

2017 年 7 月 17 日，某酒业有限责任公司（以下称"申请人"）不服原国家工商行政管理总局商标局（以下称"被申请人"）作出的《商标异议申请不予受理通知书》，向行政复议机关申请行政复议。

经查，2016 年 12 月 19 日，申请人向被申请人邮寄递交了商标异议申请。该异议申请书首页中初步审定号和初步审定公告期填写有误，初步审定号栏未填写商标号，而填写了数字"1523"，初步审定公告期栏填写了日期"2016 年 10 月 13 日"。因此，被申请人发出《商标异议申请补正通知书》，内容为"商标异议申请书首页中初步审定号和初步审定公告期填写有误，需补正"。

2017 年 4 月 17 日，被申请人收到该异议申请的补正回文，其补正了异议申请书首页，其中初步审定号栏填写了数字"1523"，初步审定公告期栏同样填写了数字"1523"，被申请人认为，申请人显属未按要求进行补正，并查得异议人意图提出异议的商标号可能为第 1×××××××号商标（以下称"涉案商标"），遂于 2017 年 4 月 28 日对涉案商标异议申请作出了异议申请不予受理的决定，理由为"申请人未按要求补正"。

申请人的复议理由为，其虽然将初步审定公告号和初步审定公告期填写错误，但是根据其提交的其他异议材料可以确定正确内容，并未对该异议申请的审查产生实质性影响。而且被申请人发出的《商标异议申请补正通知书》中显示的初步审定号亦为申请人填写错误的初步审定号，该文书误导了申请人正确补正。综上，请求撤销被申请人异议申请不予受理决定。

经复议审理，行政复议机关作出撤销被申请人具体行政行为的决定，申请人就此未提起行政诉讼。

焦点问题评析

该案的焦点问题是被申请人作出的异议不予受理决定是否合法、适当。

该案中，虽然申请人在第一次提交异议申请材料时，将异议申请书中的初步审定号（指被异议商标号）和初步审定公告期（指初步审定公告期号）填写错误。但是在申请人一并提交的异议理由书的首页及正文中都明确写明申请人是对第1523期商标初步审定公告中的第1×××××××号商标提起异议申请。被申请人完全可以通过异议申请书和异议理由书中的商标名称、商品种类、初步审定公告期以及被异议人名称等多项信息确定申请人确是针对涉案商标提出异议申请。同时根据行政复议机关查明事实，被申请人在收到申请人异议申请材料后，就将相关材料扫描录入至系统中涉案商标名下，说明当时被申请人已经确定申请人是对涉案商标提出异议，亦已确定涉案商标初步审定号等有关信息。被申请人在已经明确申请人在异议申请书中填写错误的初步审定号和初步审定公告期的正确内容的情况下，仍要求申请人对该内容进行补正违反了行政合理性原则，确属不当。另外，被申请人在明确正确的涉案商标初步审定号后，仍按照错误的初步审定号向申请人发出《商标异议申请补正通知书》不利于维护行政机关的权威性和公信力，亦应予纠正。

根据《行政复议法》第二十八条第一款第（三）项规定决定，撤销被申请人所作出的具体行政行为。

思考与启示

《商标法实施条例》第十八条第二款规定："商标注册申请手续齐备、按照规定填写申请文件并缴纳费用的，商标局予以受理并书面通知申请人；……申请手续基本齐备或者申请文件基本符合规定，但是需要补正的，商标局通知申请人予以补正，限其自收到通知之日起 30 日内，按照指定内容补正并交回商标局。在规定期限内补正并交回商标局的，保留申请日期；期满未补正的或者不按照要求进行补正的，商标局不予受理并书面通知申请人。本条第二款关于受理条件的规定适用于办理其他商标事宜。"

该条规定的法律目的在于确保申请人申报的事项及提供的材料真实明确、具体完整。申请人依据该条作出具体行政行为时，应做到合法、合理、恰当和适度，应既保证行政行为的动因符合该法律目的，也保证内容合乎情理。同时，我们提醒申请人在申请商标注册、续展、转让、变更、异议等程序中，务必严格按照相关申请书式的要求规范填写申请书，避免造成不予受理的不利后果。

（撰稿人：何潇）

多个变更申请应合并审查

——某电子五金有限公司不服商标变更申请不予核准案

基本案情

2016 年 2 月 16 日，某电子五金有限公司（以下称"申请人"，此为其变更前名义）不服原国家工商行政管理总局商标局（以下称"被申请人"）作出的《商标变更申请不予核准通知书》，向行政复议机关申请行政复议。

经查，2014 年 12 月 4 日，申请人以变更前名义委托代理机构递交了涉案商标的变更地址申请。2015 年 3 月 12 日，申请人再次以变更前名义委托代理机构递交了涉案商标的变更注册人名义申请，将注册人名义变更为某某某电子五金有限公司。2015 年 7 月 20 日，被申请人核准了申请人的注册人名义变更。至此，申请人在先提交的变更地址申请仍处于审查中。

由于申请人提交变更地址申请时还未进行注册人名义变更，其注册人名义为某电子五金有限公司，而被申请人在审查其变更地址申请前先核准了申请人在后提出的变更注册人名义的申请，此时涉案商标注册人名义变为某某某电子五金有限公司，导致变更地址申请书上填写的注册人名义与被申请人档案中登记的注册人名义不符。2015 年 12 月 17 日，被申请人对涉案商标的变更地址申请作出了不予核准决定。

申请人的复议理由为，由于被申请人没有按照受理时间的先后顺序审查，造成现有的注册人名义与当初提交变更地址申请时的注册人名义不符，从而导致变更地址申请不予核准。因此，请求撤销被申请人变更地址申请不予核准决定。

经协调，本案申请人撤回行政复议申请，被申请人对申请人的变更地址申请重新进行审查。

焦点问题评析

该案的焦点问题是被申请人作出的变更不予核准决定是否合法、适当。

《商标法》第四十一条规定："注册商标需要变更注册人的名义、地址或者其他注册事项的，应当提出变更申请。"

被申请人对申请人提交的注册商标变更申请主要审查以下内容：（1）申请书填写的变更前注册人名义与商标注册簿登记的注册人名义是否相符；（2）是否将全部注册商标一并变更；（3）申请变更的注册商标是否为有效注册商标、在先是否被司法机关查封或办理了质权登记；（4）对于变更注册人名义的申请，还应审查变更证明文件的出具单位、内容和形式是否符合规定等。

根据上述审查内容，若单独进行该案变更注册人名义申请的审查和变更地址申请的审查，被申请人作出的决定并无不当，其审查变更地址申请时，变更前注册人名义与商标注册簿登记的注册人名义确不相符。但是这种审查方式导致被申请人忽略了该案两份变更申请之间的关联性。事实上，申请人先提交的变更地址申请，后提交的变更注册人名义申请，且两份变更申请提交时间相隔较短。被申请人完全可以在商标查询系统中了解到两份变更申请的具体情况，而在审查时一并考虑，由于当时其未对这一情况予以考虑，导致申请人变更地址申请不予核准。被申请人在发现此问题后，积极纠正审查工作中的失误，主动与当事人沟通协调，确保了申请人的合法权益得到保护。

思考与启示

　　随着商事制度改革的不断深入，市场活力的充分释放，复议案件申请量迅猛增长，考虑到个案案情的差异性和复议工作的实际需要，我们采用多元化纠纷解决机制来满足当事人多样化的复议需求。通过发挥当事人在纠纷解决机制上的主动性和自觉性，积极促成被申请人和申请人以和解方式解决争议。我们发现在复议中通过和解解决案件有以下几种优势：一是弥补系统瑕疵，给予申请人合理的补正机会；二是行政机关自我纠错，加快案件审理进度；三是实现在审查过程中暂时无法立即推行的便利化举措；四是针对较为复杂的案情，充分考虑申请人的合法权益。通过撤回行政复议申请方式结案可以有效提高纠纷解决的速度，大大压缩了申请人等待救济的时间，全面提升了当事人对复议程序的满意度。

（撰稿人：何潇）

可以简化提交变更证明的情况

——某网络科技有限公司不服变更申请不予受理案

基本案情

2016 年 9 月 26 日，某网络科技有限公司（以下称"申请人"）不服原国家工商行政管理总局商标局（以下称"被申请人"）作出的《变更申请不予受理通知书》，向行政复议机关申请行政复议。

经查，2016 年 5 月 31 日，申请人委托代理机构递交了第 1×××××××号商标（以下称"涉案商标"）的变更注册人名义申请。被申请人以"申请人未按照规定提交有关登记机关出具的变更证明原件"为由，对涉案商标变更申请作出《变更申请不予受理通知书》。申请人的复议理由为：其所在登记机关深圳市市场监督管理局已于 2011 年 6 月 17 日下发明确公告，企业登记信息的变更在该局网站向社会公开，不再另行出具书面信息单。申请人无法提供有关登记机关出具的变更证明原件。因此，请求撤销《变更申请不予受理通知书》。

经协调，本案申请人撤回行政复议申请，被申请人对申请人的变更申请重新进行审查。

焦点问题评析

该案的焦点问题是被申请人作出的变更不予受理决定是否合法、适当。

随着商标注册便利化改革的进一步深化，被申请人出台了多项改革举措，方便申请人申请注册商标。其中针对提交变更证明，被申请人在中国商标网发布的《申请变更商标申请人/注册人名义/地址、变更集体商标/证明商标管理规则/集体成员名单、变更商标代理人/文件接收人》的指南中规定，变更证明可以是登记机关变更核准文件复印件或登记机关官方网站下载打印的相关档案。这一举措大大简化了商标变更申请材料和手续，有效减轻了申请人的负担，提升了商标公共服务水平。

该案申请人的情况就属于上述可以简化提交变更证明的情形。该变更申请中包含申请人所在登记机关下发的变更（备案）通知书，用以证明其注册人名义变更的情况，被申请人应当予以受理。在发现该案存在审查失误后，被申请人积极与申请人沟通协调。在申请人撤回行政复议申请的同时，被申请人对其变更申请恢复受理。

思考与启示

商标局围绕深入实施商标品牌战略，持续深化商标注册便利化改革，完善商标审查体制机制，推进并出台一系列便利化举措。例如，修改所有商标申请书式，增加"统一社会信用代码""电子邮箱"等内容；及时更新公布可接受商品和服务项目名称；对各项业务申请指南及时进行解读答疑；优化网上申请填写提示；制定发布《商标电子申请办法》；简化申请材料，提交一份证明材料可以办理多件同一商标业务；合并商标变更等业务的形审和实审环节；简化补正手续；发文地址签中增加联系人电话；简化网申代理机构数字证书申请流程，缩短发放时间、增加发放个数；代理机构备案、变更结果实现电子送达；缩短异议申请不予受理后商标注册证发放时间等。申请人可以随时关注中国商标网的动态，查看最新的便利化改革措施。

（撰稿人：何潇）

机关法人不能作为商标注册申请人

——某风景区管理局不服商标注册申请不予受理案

2018 年 2 月 26 日，某风景区管理局（以下称"申请人"）不服原国家工商行政管理总局商标局（以下称"被申请人"）作出的《商标注册申请不予受理通知书》，向行政复议机关申请行政复议。

经查，申请人委托某知识产权代理有限公司于 2018 年 1 月 10 日向被申请人提交了涉案商标的注册申请。被申请人经审查认为，申请人机构性质为机关法人，其身份证明文件不符合申请注册商标的要求。因此，根据《商标法实施条例》第十八条的规定，被申请人对申请人涉案商标的注册申请作出不予受理的决定。

经复议审理，行政复议机关作出维持被申请人具体行政行为的决定，申请人就此未提起行政诉讼。

该案的焦点问题是机关法人是否为适格的商标注册申请人。

《中共中央、国务院关于进一步制止党政机关和党政干部经商、办企业的规定》（中发〔1986〕6 号）第一条规定："党政机关，包括各级党委机关和国家权力机关、行政机关、审判机关、检察机关以及隶属这些机关编制序列的事业单位，一律不准经商、办企业。"

该案中，申请人的机构类型为机关法人，其提交的统一社会信用代码证书体现了其主体性质。根据上述规定，行政机关不准经商、办企业，即不得从事经营活动。《商标法》第四条明确规定："自然人、法人或者其他组织在生产经营活动中，对其商品或者服务需要取得商标专用权的，应当向商标局申请商标注册。"申请人因其身份性质不得从事生产经营活动，从而不具备申请注册商标的主体资格。被申请人据此作出商标注册申请不予受理决定于法有据，并无不当。

根据《行政复议法》第二十八条第一款第（一）项的规定，行政复议机关作出维持原具体行政行为的决定。

思考与启示

商标的基本功能在于指示商品或者服务来源，市场主体申请注册商标是为了在市场上将其提供的商品或者服务与其他主体提供的商品或者服务相区别。因此，商标只有在市场中使用才能发挥其区分商品或者服务来源的作用。这就要求申请注册商标应以从事正常生产经营活动为需要和目的。各级党委机关和国家权力机关、行政机关、审判机关、检察机关以及隶属这些机关编制序列的事业单位，因其身份性质的特殊性不得从事生产经营活动，使其没有使用商标的条件，从而不符合申请注册商标的主体资格要求。

同时，最新修改的《商标法》第四条增加了如下内容："不以使用为目的的恶意商标注册申请，应当予以驳回。"该条再次强调了申请注册商标的目的，加强了对非使用性的恶意注册的打击力度。在此提醒广大商标注册申请人，商标注册申请应当遵守诚实信用原则。无论是客观的身份性质，还是主观的动机目的，均应当以为提供商品或服务所需为原则，这是法律的明确规定，亦是维护和谐稳定的市场经济秩序的必然要求。

（撰稿人：何潇）

更正内容应为明显错误事项

——某种业有限责任公司不服
更正商标申请/注册事项申请不予核准案

基本案情

2018 年 4 月，某种业有限责任公司（以下称"申请人"）不服原国家工商行政管理总局商标局（以下称"被申请人"）作出的《更正商标申请/注册事项申请不予核准通知书》，向行政复议机关申请行政复议。

经查，本案涉案商标由某种植有限责任公司于 2005 年 5 月 8 日申请注册，申请时提交的身份证明文件为企业法人营业执照，申请人住所地为"遵义县马家弯"。

2018 年 1 月 3 日，被申请人收到申请人委托贵州某知识产权服务有限公司提交的关于更正涉案商标注册事项的申请，申请人称商标注册申请时对申请人名称、地址录入错误，应为"某种业有限公司"及"遵义县马家湾"，因此申请予以更正。被申请人经审查认为，涉案商标档案上的申请人名称、地址与商标注册申请文件中的企业法人营业执照上一致，不存在商标注册事项录入错误的情形。因此，被申请人依照《商标法》和《商标法实施条例》的规定，于 2018 年 1 月 23 日向申请人发出《更正商标申请/注册事项不予核准通知书》。申请人的复议理由为：涉案商标申请注册时申请人名称和地址录入错误，属于可更正范围，请求撤销被申请人作出的更正商标申请/注册事项申请不予核准决定。

经复议审理，行政复议机关作出维持被申请人原具体行政行为的决定，申请人就此未提起行政诉讼。

焦点问题评析

该案的焦点问题是被申请人作出的更正商标申请/注册事项不予核准的决定是否合法、适当。

《商标法》第三十八条规定："商标注册申请人或者注册人发现商标申请文件或者注册文件有明显错误的，可以申请更正。商标局依法在其职权范围内作出更正，并通知当事人。前款所称更正错误不涉及商标申请文件或者注册文件的实质性内容。"依照该规定，商标注册事项更正的前提应是商标申请文件或者注册文件存在明显错误。《商标法实施条例》第二十九条规定，商标更正申请不符合更正条件的，商标局不予核准，书面通知申请人并说明理由。

该案中，申请人称其在申请商标注册时错误录入了申请人名称和申请人地址。但是根据查明的事实，涉案商标档案上的申请人名称、地址与商标注册申请时提交的企业法人营业执照上完全一致，不存在注册事项录入错误的情形。因此，申请人关于涉案商标的更正申请不符合商标更正的条件，被申请人对其申请作出的不予核准决定于法有据，并无不当。

另外，申请人若在使用涉案商标过程中发生了注册人名义和地址的变更，应当向被申请人提交变更申请，办理相关变更事项。

思考与启示

该案中的申请人称其在商标注册申请时对申请人名称、地址录入错误，若查证属实，则此种情形属于"商标申请文件或者注册文件有明显错误"之情形，可以申请更正。商标注册人需要变更商标注册人的名义、地址或者其他注册事项的，应当依据《商标法》第四十一条、《商标法实施条例》第三十条的规定提出变更申请。但经查明，涉案商标档案上的申请人名称、地址与涉案商标注册人在商标注册申请时提交的企业法人营业执照完全一致，不存在申请人名称、地址录入错误的情形，进而不符合申请更正的前提。

此外，该案涉案商标的商标注册人若发生了名义、地址或者其他事项的变更，当事人应当根据相关规定向被申请人提交变更申请，办理商标注册人名义、地址或者其他注册事项的变更。

概而言之，商标注册事项需要变动的，商标注册人应当结合自身情况，依照《商标法》之规定，正确选择启动商标更正程序或者商标变更程序，以免浪费资源、影响正常的生产经营活动。

（撰稿人：李俊青）

过程性具体行政行为不属于行政复议案件受案范围

——某网络科技有限公司不服《商标异议答辩通知书》案

基本案情

2018 年 6 月 21 日，某网络科技有限公司（以下称"申请人"）不服原国家工商行政管理总局商标局（以下称"被申请人"）作出的《商标异议答辩通知书》，向行政复议机关申请行政复议。

经查，2016 年 11 月 29 日，申请人在第 10 类避孕套、非化学避孕用具等商品上申请注册涉案商标。被申请人对其审查后予以初步审定并在 2017 年 10 月 13 日第 1571 期《商标公告》上予以公告。在公告期内，案外人（以下称"异议人"）对该商标提出异议申请，被申请人经审查后予以受理，并于 2018 年 5 月 21 日向申请人发出《商标异议答辩通知书》并附商标异议书副本，要求申请人在规定期限内答辩并寄回相关材料。申请人收到该异议答辩通知书后，认为异议人签署的商标异议申请书与商标代理委托书及异议人身份证等材料不符合受理条件，该异议申请不应予以受理。同时，请求撤销被申请人向其作出的异议答辩通知书。

经复议审理，行政复议机关作出《不予受理行政复议申请决定书》，申请人就此未提起行政诉讼。

焦点问题评析

该案的焦点问题是申请人针对被申请人作出的异议答辩通知书或者异议申请受理决定提出行政复议申请是否应予受理。

《行政复议法》第六条规定了行政复议案件的受案范围。其中，第（十一）项规定，"认为行政机关的其他具体行政行为侵犯其合法权益的"，公民、法人或者其他组织可以依照行政复议法申请行政复议。申请行政复议的具体行政行为应为对公民、法人或者其他组织的合法权益产生实际影响的终结性行政行为。在作出终结性行政行为过程中产生的过程性具体行政行为未对其合法权益造成实际影响，不属于可以申请行政复议的案件范围。

《商标法》第三十三条规定，他人可以就初步审定公告的商标，向商标局提出异议。《商标法》第三十五条规定："对初步审定公告的商标提出异议的，商标局应当听取异议人和被异议人陈述事实和理由，经调查核实后，在公告期满之日起 12 个月内作出是否准予注册的决定，并书面通知异议人和被异议人。"《商标法实施条例》第二十七条规定："商标局应当将商标异议材料副本及时送交被异议人，限其自收到商标异议材料副本之日起 30 日内答辩。"上述规定系商标注册部门审理商标异议案件的程序性规定。其中，商标注册部门向被异议人送交异议材料副本并限期答辩是在审理商标异议案件的过程中为保障被异议人答辩权利所设定的必经程序。商标注册部门如未按照上述规定履行法定程序义务，则构成程序违法。

该案中，被申请人向申请人寄送《商标异议答辩通知书》及相关材料是其作出异议决定之前应当履行的法定程序义务。其作出的《商标异议答辩通知书》为过程性具体行政行为，该答辩通知书本身并非被申请人针对异议人的异议申请作出的最终行政决定，亦未对申请人合法权益造成实际影响。在被申请人履行法定程序义务的过程中，如复议机关过早介入行政程序，势必影响被申请人对异议案件作出最终决定。因此，该案申请人针对《商标异议答辩通知书》提起的复议申请不属于行政复议的受案范围。此外，申请人对涉案商标异议申请应否受理也具有较大争议，但涉案商标异议申请受理决定的相对人为异议人，而非该案申请人。申请人作为异议程序中的被异议人，其关于异议申请应不予受理的主张和理由应当在异议答辩程序中提出，不应再行启动其他行政救济程序，徒增行政负担，不利于纠纷解决。况且，该异议申请受理决定亦为被申请人最终作出异议决定前的过程性具体行政行为，同样不属于行政复议范围。

根据《行政复议法》第六条、第十七条的规定，申请人提出的复议申请不予受理。

▌思考与启示

《最高人民法院关于适用〈中华人民共和国行政诉讼法〉若干问题的解释》第一条第二款第（十）项规定"对公民、法人或者其他组织权利义务不产生实际影响的行为"不属于人民法院行政诉讼的受案范围。这项规定被视为我国司法实践中关于"行政行为成熟原则"的规定。行政行为成熟原则最早起源于美国的判例法，具体是指：被指控的行政行为给相对人产生了实际不利的影响并适于法院审查时才能接受司法审查。它表达了这样的理念：法院不过早地干扰行政活动，以免打乱正常的行政程序，只有在行政行为最终决定产生后即行政行为"成熟"以后，行政相对人才能求助于法院。

同样作为解决行政争议的法律救济手段，行政复议制度与行政诉讼制度在立法宗旨、制度设计等方面具有高度相似性。按照行政行为成熟原则，复议机关同样不能过早干预行政管理活动，以免影响到行政管理活动的正常开展。复议机关的介入应当以公民、法人或者其他组织的合法权益受到实际影响需要获得救济为前提。行政相对人或其他利害关系人的权利义务并未受实际影响且其诉求可以在行政程序中充分表达时不应再启动行政复议程序对行政管理活动造成干扰。基于行政管理活动的复杂性与多样性，大量具体行政行为产生于终结性决定作出之前，是为推动终结性行政决定合法合理作出所必备的过程性决定。此一类具体行政行为应当排除在复议范围之外。

（撰稿人：马岩岩）

商标代理机构与商标注册申请
不予受理决定之间不具有利害关系

——福建某知识产权代理有限公司
不服商标注册申请不予受理案

基本案情

2018 年 5 月 25 日，常熟市某润滑油销售有限公司委托福建某知识产权代理有限公司（以下称"申请人"）向原国家工商行政管理总局商标局（以下称"被申请人"）申请商标注册。被申请人经审查后于 2018 年 6 月 1 日作出《商标注册申请不予受理通知书》。申请人不服该决定向行政复议机关申请行政复议。

经复议审查，行政复议机关认为，申请人不具备提起复议申请的主体资格，根据《行政复议法》第六条、第十七条，《行政复议法实施条例》第二十八条的规定，决定对申请人的复议申请不予受理。

焦点问题评析

该案涉及申请行政复议的主体资格审查问题。

《行政复议法》第六条规定："有下列情形之一的，公民、法人或者其他组织可以依照本法申请行政复议：……（十一）认为行政机关的其他具体行政行为侵犯其合法权益的。"《行政复议法实施条例》第二十八条第（二）项规定，行政复议申请符合"申请人与具体行政行为有利害关系"的应当予以受理。该案中，被复议具体行政行为的相对人为常熟市某润滑油销售有限公司。该案申请人为该行政相对人申请商标注册时的代理人。

我们认为，该案申请人并非被复议具体行政行为的相对人。虽然依《行政复议法》的相关规定，除行政相对人以外的其他利害关系人亦可就具体行政行为申请行政复议，但该利害关系人应是指与被复议具体行政行为有直接利害关系的主体，即被复议具体行政行为将直接对其权益造成不利影响的主体。该案申请人仅为被复议具体行政行为相对人在商标注册程序中的代理人，被复议具体行政行为并未对其合法权益造成直接不利影响。因此，该案申请人不构成被复议具体行政行为的利害关系人，不具备提起复议申请的主体资格。

思考与启示

《行政复议法实施条例》第二十八条规定了行政复议案件的受理条件。其中，第（二）项规定了申请人的主体资格要件"申请人与具体行政行为有利害关系"。这与我国现行《中华人民共和国行政诉讼法》规定的有权提起行政诉讼的主体"行政行为的相对人以及其他与行政行为有利害关系的公民、法人或者其他组织"规定应当是一致的。因此，行政复议适格主体除行政行为的相对人外，还应包括其他与行政行为有利害关系的主体。就上述案件而言，不能仅因为申请人不是被复议具体行政行为的相对人而不予受理其复议申请。亦不能直接接受申请人陈述之利害关系而予以受理。

行政法上所涉之利害关系目前并无法律明文界定，学理界对此亦多有争论。然而，在法律适用实践中，却不得不面对对"利害关系"的解释问题。我们认为，在解释适用"利害关系"时需要平衡两个立法目的：一要充分保障利害关系人利用行政复议制度寻求权利救济的权利；二要注意维护已作出具体行政行为的权威性及公信力。在具体行政行为的相对人未对已作出的具体行政行为提出疑义时，其他主体主张撤销或变更该具体行政行为的，至少需要具备两项主体要件：一是自身合法权益遭受损害；二是该损害与被复议具体行政行为之间具有直接因果关系。具体到上述案件，商标代理机构接受委托，以委托人的名义申请注册商标，系其从事商标代理业务的过程。商标注册申请不予受理决定系直接影响商标注册申请人利益。因商标注册申请不予受理而导致代理机构的代理事务未成就，进而导致其遭受经济损失，系属间接损失或者间接影响，代理机构不能就此以利害关系人身份申请行政复议。更进一步讲，商标代理机构因代理事务未成就所遭受的损失系属企业经营风险，不应借由行政复议制度转嫁其风险。代理机构如认为被申请人作出的商标注册申请不予受理决定不符合法律规定，应在代理权限内，以被代理人的名义申请行政复议。

（撰稿人：马岩岩）

行政复议申请应当在法定复议期限内提出

——日本 A 公司不服核准涉案商标地址变更及转让案

基本案情

2015 年 2 月 15 日，日本 A 公司（以下称"申请人"）不服原国家工商行政管理总局商标局（以下称"被申请人"）2007 年 7 月 25 日核准杭州 B 公司地址变更及 2012 年 5 月 9 日核准杭州 B 公司将涉案商标转让给杭州 C 公司的决定，向行政复议机关提起行政复议。

经查，杭州 B 公司于 1998 年 9 月 28 日在第 18 类旅行包、伞等商品上申请注册涉案商标，被申请人于 1999 年 12 月 28 日注册公告。2007 年 5 月 25 日杭州 B 公司申请地址变更，被申请人于 2007 年 7 月 25 日予以核准。2011 年 8 月 19 日，杭州 B 公司与杭州 C 公司共同申请将涉案商标由杭州 B 公司转让给杭州 C 公司，被申请人于 2012 年 5 月 9 日予以核准。2008 年 10 月 20 日，申请人曾向被申请人提出涉案商标注册人死亡/终止注销申请。2008 年 11 月 18 日，申请人曾向被申请人提出涉案商标连续三年不使用撤销申请。2013 年 3 月 8 日，申请人曾向原国家工商行政管理总局商标评审委员会提出涉案商标撤销复审申请。

2015 年 2 月 15 日，申请人向行政复议机关提起行政复议，主张其刚得知杭州 C 公司向杭州工商局投诉申请人在当地销售的相关产品侵权。另外主张杭州 C 公司不是涉案商标的合法权利人，他们是通过与关联主体杭州 B 公司合谋欺骗被申请人，通过非法变更及转让程序骗取到涉案商标专用权的。综上，申请人认为被申请人核准涉案商标变更和转让存在错误，请求撤销被申请人具体行政行为。

经复议审理，行政复议机关作出驳回申请人复议申请的决定，申请人就此未提起行政诉讼。

焦点问题评析

该案涉及的焦点问题是申请人应在法定复议期限内提出复议申请。

《行政复议法》第九条规定："公民、法人或者其他组织认为具体行政行为侵犯其合法权益的，可以自知道该具体行政行为之日起 60 日内提出行政复议申请；但是法律规定的申请期限超过 60 日的除外。因不可抗力或者其他正当理由耽误法定申请期限的，申请期限自障碍消除之日起继续计算。"《行政复议法》第十七条第一款规定："行政复议机关在收到行政复议申请后，应当在 5 日内进行审查，对不符合本法规定的行政复议申请，决定不予受理，并书面告知申请人。"《行政复议法实施条例》第四十八条第一款第（二）项规定："受理行政复议申请后，发现该行政复议申请不符合行政复议法和本条例规定的受理条件的"，行政复议机关应当决定驳回行政复议申请。

该案中，申请人声称其刚得知被申请具体行政行为，但是被申请具体行政行为分别发生在 2007 年和 2012 年，从查明的事实可知，申请人早于 2008 年和 2013 年已经通过商标确权的多个程序申请撤销涉案商标，因此可以合理推断申请人并非刚得知被申请复议的具体行政行为。申请人于 2015 年 2 月 15 日才提出复议申请，显然超过了 60 日的法定复议期限，并且该案也不存在法律例外规定的情形。根据《行政复议法》第十七条和《行政复议法实施条例》第四十八条第一款第（二）项规定，行政复议机关驳回了申请人的复议申请。

思考与启示

行政复议有便捷、利民、高效的特点，因此在不延长期限的情况下，审理期限仅为 60 天；同时，为了达到迅速定纷止争的效果，行政复议法对申请人提出行政复议申请也规定了较短的法定期限。在商标行政复议案件中，出现多起申请人提出行政复议申请超期的案件，影响了申请人有效维护自己的权益。因此，申请人应及时主张自己的权益，在法定复议期限内提出行政复议申请。

（撰稿人：曹娜）

核准注册商标转让决定的利害关系人排除

——某电缆有限公司不服核准第2×××××号商标转让案

2016 年 5 月 6 日，某电缆有限公司（以下称"申请人"）不服原国家工商行政管理总局商标局（以下称"被申请人"）作出的《核准第 2×××××号商标转让证明》，向行政复议机关申请行政复议。

经查，第 2×××××号商标（以下称"涉案商标"）由某电缆厂于 1986 年 4 月 25 日申请注册，指定使用在第 9 类电缆商品上，于 1987 年 3 月 10 日获准注册。1990 年 7 月 25 日，涉案商标注册人名义变更为某电线电缆厂。2006 年 5 月 22 日，某电线电缆厂申请将涉案商标转让给某线缆有限公司。2006 年 10 月 14 日，被申请人核准了涉案商标转让，作出《核准第 2×××××号商标转让证明》。2008 年 3 月 31 日，某线缆有限公司申请将涉案商标转让给某电器有限公司。2008 年 7 月 28 日，被申请人核准了涉案商标转让。2010 年 5 月 20 日，该电器有限公司申请将名义变更为某电力工程配套有限公司，涉案商标专用权有效期续展至 2017 年 3 月 9 日。

第 9×××××号商标系申请人于 2011 年 6 月 7 日申请注册，指定使用在第 9 类方铅晶体（检波器）、铁路道岔遥控电动设备、电镀设备、灭火器、电弧切削装置、电缆、电线、磁线、电话线、绝缘铜线商品上，于 2012 年 8 月 27 日获准注册。2014 年 10 月 17 日，上述某电力工程配套有限公司（现涉案商标注册人）对第 9××××××号商标提出无效宣告申请。原国家工商行政管理总局商标评审委员会于 2016 年 2 月 16 日作出商评字〔2016〕第 4×××号《关于第 9××××××号商标无效宣告请求裁定书》，认为第 9××××××号商标与涉案商标标识近似，宣告该商标在电缆、电线、磁线、电话线、绝缘铜线商品上的注册无效。

申请人的复议理由为：一是被申请人在 2006 年的核准涉案商标转让过程中，未严格审核转让方与受让方的资质文件，未尽到相应注意义务，其作出的核准转让决定与事实不符，应予撤销；二是由于被申请人核准了 2006 年的转让申请，致使涉案商标在无效宣告案件中成为申请人第 9××××××号商标的权利障碍，因此申请人与 2006 年的核准转让决定存在利害关系，具备提起行政复议的主体资格；三是申请人自 2016 年 4 月 13 日从被申请人处调取了涉案商标续展和转让的材料，满足提起行政复议的法定期限要求。综上，请求撤销被申请人作出的核准转让决定。

经复议审理后，行政复议机关认为申请人不属于《核准第 2×××××号商标转让证明》的利害关系人，最终作出驳回其行政复议申请的决定。申请人就该行政复议决定向北京知识产权法院提起诉讼。北京知识产权法院认为，虽然商标局对涉案商标的核准转让行为存在瑕疵，但鉴于涉案商标已经多轮转让，不宜对核准行为的瑕疵进行更正。且原告亦非核准转让行为的利害关系人，无权就该核准行为申请行政复议，被诉的行政复议决定正确，原告诉讼主张法院不予支持，并裁定驳回原告起诉。

■ 焦点问题评析

该案的焦点问题是申请人是否可以作为利害关系人提起行政

复议。

第一，申请人与被申请具体行政行为是否具有直接的利害关系。该案中，被申请人于 2006 年 10 月 14 日作出的《核准第 2×× ×××号商标转让证明》，其具体行政行为的相对人是某电线电缆厂和某线缆有限公司。对于两家公司基于契约行为提出的转让申请，被申请人的核准转让决定仅起到了权利公示的法律效果，并未与申请人的第 9××××××号商标权利产生直接的利害关系。

第二，被申请具体行政行为和涉案商标之间是否存在利害关系。该案中，被申请具体行政行为涉及的商标是涉案商标，如果所有与涉案商标近似的在后申请注册商标的注册人都可以被理解为利害关系人，那么利害关系人的数量和出现的时间都将是不可预期的，被申请人已经作出的 10 年转让核准决定也随时可能因此种"利害关系人"启动相应程序而处于效力不确定的状态。

第三，利害关系确定的时间点应以被申请具体行政行为发生时为准。该案中，被申请人作出核准涉案商标转让的时间点是 2006 年 10 月 14 日。而基于复议查明的事实，申请人第 9××××××号商标的申请注册时间是 2011 年 6 月 7 日；涉案商标注册人某电力工程配套有限公司提起第 9××××××号商标无效宣告的时间点是 2014 年 10 月 17 日；原国家工商行政管理总局商标评审委员会作出无效宣告裁定的时间是 2016 年 2 月 16 日，上述时间点均远远晚于被申请具体行政行为作出之日，也可以侧面证明申请人所指"合法权益"（第 9××××××号商标权）当时并不存在，同时亦不能当然地预见到申请人可能申请第 9××××××号商标。因此，申请人的第 9××××××号商标权产生时间并不是被申请具体行政行为发生时现实存在的，也不是预期必然要发生的，故申请人与被申请具体行政行为发生没有法律上的利害关系。

根据《行政复议法实施条例》第四十八条的规定，申请人提出的复议申请应当予以驳回。

思考与启示

在《商标法》中，"利害关系人"作为一个重要概念，决定了当事人是否具备启动复议程序的资格，进而影响当事人的实体权利和合法权益的实现。然而在法律及相关的司法解释中均没有对利害关系人的定义。我们认为，在复议程序中如何界定利害关系人可以考虑以下几方面：

第一，复议案件中利害关系人作为程序启动者应与被申请人的具体行政行为有直接的利害关系，即被申请人的具体行政行为将直接对申请人的权益造成不利的影响，该影响是直接的不是间接的。

第二，商标行政复议案件中的利害关系人中的"利害关系"应当存在于被申请具体行政行为和涉案商标之间。如果这种利害关系可以存在于被申请具体行政行为和在后申请注册商标之间，会导致利害关系人范围极不确定的情形，也会导致被申请具体行政行为的确定力和稳定性受到极大的影响。

第三，利害关系确定的时间点应以被申请具体行政行为发生时为准。利害关系是指被申请具体行政行为的发生对申请人的合法权益产生了损害，该种合法权益应是现实存在的或是预期必然要发生的。

（撰稿人：何潇）

商标协助执行行为不属于行政复议受案范围

——臧某不服商标转让/移转申请不予核准案

![基本案情]

2018 年 1 月，臧某（以下称"申请人"）不服原国家工商行政管理总局商标局（以下称"被申请人"）作出的《商标转让/移转申请不予核准通知书》，向行政复议机关申请行政复议。

本案涉案商标由孙某分别于 2014 年 6 月、2006 年 9 月、2011 年 9 月申请注册。2017 年 3 月 31 日，被申请人收到转让人孙某和申请人委托山东某商标事务所有限公司提交的涉案商标的转让申请。2017 年 8 月 12 日，被申请人收到山东省临沂市兰山区人民法院寄送的（2017）鲁 1×××民初 1×××9 号民事裁定书和（2017）鲁 1×××民初 1×××7 号之二民事裁定书及两份裁定书对应的协助执行通知书，要求被申请人协助办理查封转让人孙某名下包括涉案商标在内的所有商标，查封期间禁止商标转让，查封期限三年。依照法院裁定，被申请人于 2017 年 10 月 23 日对涉案商标的转让申请作出了不予核准的决定，理由均为："该商标被临沂市兰山人民法院（2017）鲁 1×××民初 1×××7 号之二冻结"。申请人收到上述转让申请不予核准决定后，主张其已经向山东省临沂市兰山区人民法院提出涉案商标解冻申请，故请求撤销被申请人作出的转让申请不予核准决定。

经复议审理，行政复议机关作出《驳回行政复议申请决定书》，申请人就此未提起行政诉讼。

焦点问题评析

该案的焦点问题是被申请人协助法院执行商标查封的行为是否属于行政复议受案范围。

最高人民法院、国家工商总局《关于加强信息合作规范执行与协助执行的通知》（法〔2014〕251号）第十八条规定："工商行政管理机关对按人民法院要求协助执行产生的后果，不承担责任。当事人、案外人对工商行政管理机关协助执行的行为不服，提出异议或者行政复议的，工商行政管理机关不予受理；向人民法院起诉的，人民法院不予受理。"

该案中，2017年8月12日，被申请人收到山东省临沂市兰山区人民法院寄送的（2017）鲁1×××民初1×××9号民事裁定书和（2017）鲁1×××民初1×××7号之二民事裁定书及两份裁定书对应的协助执行通知书，要求被申请人协助查封转让人名下的涉案商标，查封期间禁止商标转让，查封期限为三年。因此，查封期间禁止转让属于上述规定中的协助执行行为。申请人针对转让不予核准决定提起行政复议的情形属于《关于加强信息合作规范执行与协助执行的通知》（法〔2014〕251号）第十八条所指的工商行政管理机关不予受理行政复议的情形。故申请人针对转让不予核准决定提起行政复议不属于行政复议受案范围。

但是该案中，被申请人针对三份涉案商标的转让申请均以"该商标被临沂市兰山人民法院（2017）鲁1×××民初1×××7号之二冻结"为由不予核准的行为，存在瑕疵。其中两份涉案商标是被临沂市兰山区人民法院（2017）鲁1×××民初1×××9号民事裁定书予以查封。被申请人应对上述两涉案商标的转让申请不予核准决定的理由予以纠正。

申请人在复议申请中称，其已经向山东省临沂市兰山区人民法院提出涉案商标解冻申请。若该法院作出关于解除转让人财产查封的《执行裁定书》，申请人可依据相关《执行裁定书》向被申请人重新提交转让申请。

思考与启示

针对商标转让/移转申请不予核准决定提起的行政复议数量较大，其中因涉案商标被法院冻结被不予核准的也屡见不鲜。根据最高人民法院、国家工商总局《关于加强信息合作规范执行与协助执行的通知》（法〔2014〕251号）第十八条的规定，对工商行政管理机关协助执行的行为不服提出行政复议的，工商行政管理机关不予受理。据此，查封期间禁止转让属于协助执行行为，针对因商标被冻结作出的转让不予核准决定提起行政复议亦不属于行政复议受案范围。

需要指出的是，根据上述分析，针对因商标被冻结作出的转让不予核准决定提起行政复议的，行政复议机关应当不予受理，但在案件审理实践中，因复议机构在受理阶段无法查证法院相关裁定及协助执行通知书的内容，谨慎起见，对于该种情形的复议案件，复议机构一般先予以受理，待被申请人作出答辩，复议机构查实案件事实后，再对复议申请予以驳回。

另外，机构改革后，原国家工商行政管理总局不再保留，但《关于加强信息合作规范执行与协助执行的通知》（法〔2014〕251号）尚属有效，目前仍为行政复议机关处理此类行政复议案件的依据。

（撰稿人：李俊青）

对驰名商标的司法认定
不属于可申请公开的政府信息

——宋某某不服政府信息公开答复意见书案

基本案情

宋某某（以下称"申请人"）对国家知识产权局（以下称"被申请人"）2018年7月13日作出的《政府信息公开答复意见书》不服，于2018年9月4日向行政复议机关提出行政复议申请。

经查，2018年7月3日，申请人向被申请人提交《政府信息公开申请表》，申请公开"吉利"获取驰名商标的核准文件。2018年7月13日，被申请人作出《政府信息公开答复意见书》，答复宋某某如下：2006年10月，原国家工商行政管理总局商标局在商标管理程序中认定吉利集团有限公司使用在商标注册用商品和服务国际分类第12类汽车商品上的"GEELY及图"注册商标为驰名商标。原国家工商行政管理总局商标局在商标管理程序中未认定过"吉利"商标为驰名商标。被申请人的主要复议理由为："吉利"注册商标于2005年10月31日被云南省昆明市中级人民法院认定为驰名商标，并于2006年8月被浙江省工商行政管理局收录并颁布。被申请人应当向申请人公开上述信息，被申请人公开的信息内容不完整。

经复议审理，行政复议机关于2018年11月7日作出行政复议决定，维持了上述《政府信息公开答复意见书》。

▌焦点问题评析

该案的焦点问题在于："吉利"商标被认定为驰名商标，是否属于被申请人政府信息公开范围。

我国认定驰名商标的途径有两种：行政认定和司法认定。行政认定是指原国家工商行政管理总局商标局、原国家工商行政管理总局商标评审委员会根据《商标法》第十四条第二款、第三款和《驰名商标认定和保护规定》第三条等相关规定认定驰名商标。司法认定是指有管辖权的人民法院根据《商标法》第十四条第四款和《最高人民法院关于审理商标民事纠纷案件适用法律若干问题的解释》第二十二条第一款等相关规定认定驰名商标。

对于行政认定的驰名商标，即由原国家工商行政管理总局商标局、原国家工商行政管理总局商标评审委员认定的驰名商标，社会公众可以在中国商标网（www.sbj.saic.gov.cn）上查询；属于政府信息公开范围的，可以向制作或保存该政府信息的行政机关申请公开。

对于司法认定的驰名商标，即由人民法院认定的驰名商标，最高人民法院尚未通过建立专门的网络平台对仅具有个案认定效力的具有较高知名度的商标予以批量公布，否则，不仅将与人民法院长期以来所坚持的"按需认定、事实认定"的原则相悖离，还可能导致变相促使相关企业将此作为宣传商品和服务的手段之结果。社会公众如需核实司法认定驰名商标的真实性，可以通过"中国知识产权裁判文书网"以及有关地方人民法院的裁判文书网查询、核实所涉及的裁判文书。

在该案中，经核实，原国家工商行政管理总局商标局在商标管理程序中未认定过"吉利"商标为驰名商标。申请人申请公开的信息"'吉利'获取驰名商标的核准文件"属于《政府信息公开条例》第二十一条规定的"该政府信息不存在"的情形，因此，被申请人于 2018 年 7 月 13 日作出《政府信息公开答复意见书》，告知申请人上述情况。

根据《政府信息公开条例》第十七条的规定，云南省昆明市中级人民法院认定"吉利"商标为驰名商标的裁判文书和浙江省工商行政管理局的颁证"'吉利'商标被司法认定为驰名商标"等信息，不属于被申请人负责公开的政府信息。申请人可以通过"中国知识产权裁判文书网"以及有关地方人民法院的裁判文书网查询、核实上述裁判文书，或者向浙江省工商行政管理局申请公开相关政府信息。

（撰稿人：黄筱筱）